Rich致富 349

精進思維

讓每一次思考都能躍出框架的
人生增量心法

采銅◎著

高寶書版集團

目 錄
CONTENTS

目 錄
CONTENTS

序
用更勇敢的方式去生活

　　在老家的房子裡，有一面用了多年的掛鐘。這鐘看起來很尋常，毫無特別之處，但每次我回家看望母親，看到這面鐘時就會覺得很放鬆，這與我看其他鐘錶的感覺很不一樣。

　　用其他鐘錶看時間時，我只覺得時間走得好快，「哎呀，都已經這個時候了，好多事情都還沒做，怎麼辦怎麼辦……」可是在母親的房子裡看到這個鐘時，緊張感便全無了。

　　「咦，原來還早啊。哦，稿子還沒寫，算了沒事，慢慢來好了……」於是，按照心理學裡慣用的做法，我把這個現象用通俗的名字命名，叫作「母親的掛鐘效應」，而後又給了一個學術化的解釋：「歸家的溫馨感和母親的關愛導致主觀時間感變慢。」可是有一次，我發現在這個解釋之外，竟還有一個更「科學」的解釋。

　　那天母親在陽臺曬衣服，轉過身問我：「兒子，現在幾點了？」

　　我抬頭一看鐘：「九點十五。」又低頭看手機。

　　這時恰巧有一則微信訊息傳來，傳送時間是「9：20」。咦，怎麼回事，剛才不是九點十五嘛，怎麼突然就二十分了？我又抬頭看鐘，確實是九點十五，再低頭看手機，確實是九點二十……手機是使用網路所提供的時間的，不太可能會有問題，哦，那就是母親的掛鐘慢了，我之前竟然沒有想到。

　　母親的掛鐘慢了五分鐘，所以每當我看這面鐘時，它顯示的時間總比我內心估計的時間要慢了那麼一點，但就是那麼一點，竟讓我放鬆了下來，不再焦慮、緊張，覺得可以心安理得地多享受一點時光，像是意外收穫了一種妙不可言的福利。

　　我沒把這個發現告訴母親，如果我告訴她，她一定會把鐘調準。而鐘一旦調準，不僅我所享受的輕快閒適感沒了，更重要的是，母親家這個優哉游哉的世界也會消失不見。只要我不告訴她，她就可以一直生活在比別人慢五分鐘的世界，在這個世界裡，她不僅沒有失去什麼，反而得到了更多。

　　記得我讀小學的時候，母親就說，手錶要故意調快幾分鐘，這樣才不容易遲到，而且做任何事情都可以搶在別人的前面，對此我一直深信不疑，就像其他很多我們從小被教育的事情一樣。而就是這樣的信念，迫使我們在同一個方向上奔跑，然後越跑越累，越跑越迷茫，越跑越痛苦……

　　令我驚奇的是，這種「錶要調快」的觀念竟如此頑固卻又悄無聲息地存在著，框住了我們的思維。更令我驚奇的是，一旦這個框被敲開一個小口，竟會有如此出其不意的效果。

　　是的，我們從來沒有想過反過來「把錶調慢」的可能性，畢竟，這看起來太異想天開了，很顯然地，這肯定也是「錯」的。可是，就是這樣看起來荒誕的事情，一旦付諸實施，或者只是像「母親的掛鐘」一樣無意間實現了，可能你的人生就會呈現出另外一種別致的模樣。甚至，就像你發現了一把你尋覓已久的鑰匙，這把鑰匙意味著可以用另外一種全新的視角、經驗、智慧去審視我們既有的生活，而這種審視本身就意味著生活的改變。

　　我恍然大悟。生活就像一面三稜鏡，它不是只有單一鏡面，相應地，也不只一種可供觀察和理解的視角。它應該不只有一種標準、一種模式、一種狀態，它應該是多元的、豐富的，並且有著不同縱深的內涵。這也就意味著，我們看待自己和世界、看待現在和未來、看待情感和理性的時候，存在著遠比我們已知的更多可能性。

　　是的，我們總是在慣性中生活，在教導下學習，在成規中思考，在勸解中決定，並在無助的結果中自責。我們著實需要一種智識和能力，去觀察、反思自己被局限的生活，去

發現和實踐更多成長和成才的路徑。可問題是，大多數時候，當我們對眼前的一切習以為常時，我們連這種「需要」都沒有意識到，於是我決定寫這本書。

這是一本特別的書。說它特別，是因為它是某種複雜的混合物，裡面有我的經歷以及對經歷的思考，有心理學，也有不同學科、不同實踐領域的經驗和知識。但我希望這種混合並不突兀，在我看來，經歷和學習、經驗和知識、實踐和理論，這些並非都是截然兩分的，而是應該互相印證、互相補充的。更進一步來說，閱讀、思考、寫作和生活本身也應是渾然一體的，見解並非存在於僵固的教條裡，而是鮮活地生長在流動的生命中。

在這本書中，我打開了我們人生的七個面向，它們分別是——時間、選擇、行動、學習、思維、才能和成功。

「時間」是我們的座標，我們做任何事都離不開這個座標，因此，處理好與時間的關係是我們生活、成長和改變的前提。

「選擇」往往發生在人生的十字路口，它令我們迷茫、無助和焦慮，而學會選擇也就是學會認清自己以及自己在這個世界中的位置。

「行動」是生命力的象徵，也是解決一切問題的歸依，

而令人不解的是，現代人行動的步伐越來越沉重，無力感不斷蔓延，所以我們更需要行動的勇氣和智慧。

「學習」是人之所以為人的一個標誌，對很多人來說更是融貫一生的修行，學習的規律和技巧正是很多人需要補上的一課。

「思考」發生在生活中的每時每刻，但是對思考本身的思考卻顯得稀少和珍貴，當我們欲要解決工作和學業中的各種難題時，你便會發現它的價值。

在這個激烈競爭的社會裡，一個人的「才能」是立身之本，如何獲得不凡的才能對很多人來說是一個難解的謎團，解開這個謎團，需要打破一些流播甚廣的迷障。

「成功」是一個讓人愛恨交織的字眼，無數人為了所謂的成功變成了他們原本討厭的人，而我更相信，只有堅持做你所喜歡的自己，你才有可能實現真正意義上的成功。

對剛打開本書，準備尋找更好的生活、成長和改變方法的你來說，應該已經發現，這七個面向並不是各自獨立的，而是相互交錯、交織，共同構成一個整體。我們的生活不應該是分割的，它有不同的面向、不同的解讀、不同的路徑以及不同的期待。

在對每一個主題的討論中，我也儘量呈現出對同一主題

的不同視角，也就是說，在三稜鏡之中還嵌入了另一面三稜鏡，在不同的折射光路徑之上還折射出不同的光路徑，我想，這便是我們五光十色的人生吧。

　　我是一個思考者，我思考著如何才能獲得一種豐盈、獨特、完整、自足的人生，思考如何才能擺脫內心的禁錮，用更勇敢、更開闊的方式去生活。

　　我推崇當代思想家蘇珊・桑塔格的生活方式，她說她會思考生活中遇到的每一件事情。我也明白，在這個過程中，實踐、表達和思考一樣都占據著同等重要的位置，而寫一本書，就是能同時承載三者的理想行動。

　　我希望在這本書裡，展現一些你原先未曾想到、未曾看到又殊為重要的東西，這些東西開始一點點撬動你頭腦中某些堅固或者凝結已久的結構，使它們開始鬆動，並發生新的可能性。

　　如果這樣，那這本書的目的就達到了。

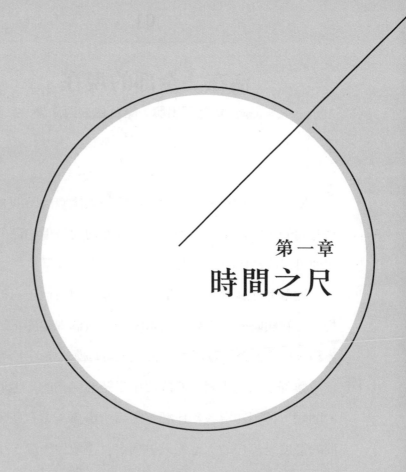

第一章
時間之尺

一個人如何對待他的時間，
決定了他可以成為什麼樣的人。

01

活在「全部的現在」

—— 從當下出發，結合過去與未來

時間是一種寶貴的資源，我們每天擁有的時間相同，對待時間的方式卻千差萬別。一個人如何對待他的時間，決定了他可以成為什麼樣的人。

要學會正確地對待時間，首先要反思自己現有的模式，把「自我與時間」當作一個課題。對這個課題如果缺少了探索和分析，便會一直陷在一個有缺陷的模式中而毫無察覺。

無怪乎有些人對時間的使用是茫然無措的，他們有充分的閒暇，卻不知道該幹什麼，常無所事事；還有些人面對時間的態度是焦灼的，他們只爭朝夕，不敢停下來，生活過成了一連串密集而無法停歇的鼓點；有些人感覺時間完全不在掌控之中，他們想有所行動，卻覺得被捆住了手腳，眼睜睜看著時光流逝；還有些人對待時間很隨性，興致來時快馬加鞭，興致一沒就鬆垮懶散、一拖再拖……

這樣對待時間的方式都有問題，一個人首先要意識到自

己在時間使用管理上所存在的問題，才有可能加以改進。此外我們還要去想，那些很厲害的人是怎麼對待時間的？

跟孩子學習「鄭重」的態度

對於時間如何使用的問題，近代儒學大家梁漱溟先生曾以兩字作答：「鄭重。」

梁漱溟十四歲時開始「好用心思」，有了奮力讀書、鑽研學問的自覺，他帶著多病之軀，日日讀書不敢懈怠，終於自學成才，二十四歲時以中學學歷登上北京大學的講壇，便是對於「鄭重」態度身體力行的示範。

鄭重是一種「不敷衍、不遲疑、不搖擺」的態度，認真聚焦於當下的事情，自覺而專注地投入。

鄭重的態度並不難求，其實我們在小時候就已經會鄭重行事了。有人會問，小孩子哪來的「鄭重」？如果你抱著欣賞的態度，認真觀察過孩子們堆積木、玩遊戲、畫畫這些事，大概不會懷疑這一點。

比如我兒子玩汽車時，那可真是一絲不苟，他喜歡把十幾輛小汽車沿著桌子的四邊依次排開，一輛、一輛首尾相接，排得筆直。如果有輛車被碰歪了，就要立刻一分不差地復原，

容不下一點偏差。

　　哪怕跟我聊天，他有時也會很認真，特別是在問一些千奇百怪的問題的時候，什麼「恐龍要不要上學」啊，什麼「火車有沒有後照鏡」啊，很多問題一問出來就把我逗樂了。可是我看他的神情中並沒有半點嬉皮笑臉的意思，反而是眉頭鎖著，像是在沉思，他的表情好似在說：「別笑，我可是在學知識呢」。

　　孩子用「鄭重」的態度玩耍和認識世界，反觀有些成年人用遊戲的態度做「正事」，誰說我們不應該向孩子學習呢？所以直白一點說，「鄭重」就是認真嚴謹地「度過現在」，過好現在的每一刻。

不同場合，不同的時間觀

　　「鄭重」是思想者從經歷和學識的角度出發所給出的洞見，頗值得我們效仿，同時現代心理學則採用科學方法，描繪了「我們如何看待時間」的系統與框架。

　　史丹佛大學心理學家菲利普・津巴多（Philip Zimbardo）提出「時間觀」的概念，指出了人們對過去、現在和未來的五種不同時間觀：

1. 過去正面型時間觀：具有這種時間觀的人總以積極的心態往回看，他們是容易懷舊的，經常懷念過去美好的事情，珍視親情和友情，對已經擁有的東西懷有感恩之心，但這樣的人容易忽視當下的快樂。

2. 過去負面型時間觀：具有這種時間觀的人總以消極的心態往回看，他們經常回憶人生中的負面經歷，沉浸在以前的傷害中無法自拔，因而出現心理問題的風險比較大。

3. 現在享樂型時間觀：以享樂的心態看待當下，這樣的人認為及時行樂是第一要務，回首過去和展望未來都無太大必要，盡情享受當下便好了。他們的幸福感比較高，但出現成癮行為，如吸菸、酗酒或暴飲暴食的風險也比較大。

4. 現在宿命型時間觀：以宿命的觀點看待當下，這樣的人對現時發生的事情時常感到無能為力，認為一切都是命中註定，自己只能順從和忍受外界的安排。

5. 未來型時間觀：總是習慣往前看、為未來謀劃，這樣的人具有前瞻性，更關注有待完成的目標和任務。為了完成未來的目標，他們願意捨棄當下的享樂，在時間利用上更有效率，因而更容易取得比較高的成就。但是由於一直為未來擔心，所以幸福感並不強。

觀眾在欣賞一幅油畫時，用不同的角度和距離去觀察，

會得到截然不同的感受，這便是「視角」不同所帶來的結果。相對的，對於看不見、摸不到的時間，不同的內心視角也左右著我們對它的感知，進而影響我們對人生的看法。

　　瞭解了這五種時間觀，我們會想到什麼呢？先看前兩種關於過去的時間觀，如果一個人總是把目光著眼於過去，會出現什麼問題呢？過去是無法改變的，不管這個過去是令人欣喜還是令人悲傷的，它們都是已經無法改變的事實。固然我們可以替自己的回憶添加不同的情緒色彩，甚至透過記憶修飾來迎合這種色彩，但是因為無法改變而產生的無力感和惋惜感仍舊會出現。

　　現在宿命型時間觀則是一種比較消極的視角，因為在這個視角之下，我們失去了掌控時間的勇氣；與之相反的是未來型時間觀，擁有強烈未來型時間觀的人往往雄心勃勃，因為他們認為未來時間也是可以掌控的，只要做好翔實周密的計畫，那麼就可以把不確定性降到最低。此外，未來型時間觀的人時常會面臨殘酷現實的挑戰，因為他們肯定會遇到計畫不符預期的情況。

　　至於現在享樂型時間觀則不用多做解釋，大多數人都在「享樂」和「壓抑享樂」之間反覆搖擺，很難想像一個完全不懂得享樂的人，生而為人豈可沒有樂趣可尋！只不過關鍵

在於，我們如何處理好享樂和不享樂之間的平衡。

對，平衡，這其實也是津巴多給我們看待時間的建議。津巴多說，這五種時間觀，每一種都談不上完美，都有各自的缺點，所以最好採用混合和折衷的方式：多選取過去正面型、現在享樂型和未來型時間觀，並且在三者中取得平衡，盡量不要選取太負面的過去負面型和現在宿命型時間觀。同時，在採納前三種時間觀時還要「隨需而變」，即根據不同的現實處境而靈活選擇。

比如在工作中，未來型時間觀是更合適的，因為大多數工作強調計劃性、執行度和效率，未來型能使工作有條不紊，能讓當下的行動更符合工作目標，時間利用更有效率。所以當你坐在辦公室裡時，應該讓未來型時間觀當主角。

那麼再想想，當你拖著疲憊的身軀下班回家，是不是仍舊要為明天還要開什麼會、寫什麼報告而操心，甚至寢食難安呢？大可不必。在工作之餘，你就應該徹底放下工作，安享閒暇時光。這個時候就應該把朝向未來的眼光轉過來，轉向現在，讓自己充分地放鬆、休息娛樂，現在享樂型時間觀是上上之選。

至於過去正面型時間觀，則適合在一家人其樂融融的時候出現。很多在大城市打拚的人只有春節時才有機會與父母

長輩團聚,這時不必急著去想新一年的計畫,而是應該與家人一起,多回憶一下過去共同走過的時光,沐浴在親情之中,這樣才更有意義。

簡而言之,靈活切換時間觀,而不是固定在某一種時間觀裡,能讓我們更加自如和從容。

由當下往過去與未來延伸

同樣研究時間觀的瑞典心理學家林德沃(Lindvall)則提出,具有平衡式時間觀的人,在內心具有一種「延伸的當下感」(Extended now),既可以「從當下來審視過去」,也可以「視未來存在於當下」,他應具有囊括「過去」和「未來」的包容性。

這種既不疏離過去也不漠視未來的當下感,顯然與現在享樂型時間觀有著明顯的差別,它顯示了一個人對時間所應具有的責任感,即以更嚴肅(雖然不一定更迫切)的態度來對待時間,這與梁漱溟先生的「鄭重」一說便不謀而合了。

從「平衡時間觀」和「延伸的當下感」這些觀點出發,林德沃提出了更有效對待時間的十條建議,其中第一條是「生活在當下」,第二條是「嚴肅地對待時間」,第五條是「從

現在出發去結合過去」，第九條是「視未來存在於當下」，
這些建議都涉及我們如何處理「當下」這個最為重要的問題。

　　我覺得現代人很容易陷入對於未來的焦慮之中，現實的
生存壓力、對未來的不確定感都會引發這種焦慮。於是乎，
我們雖身處在當下，心裡卻總是想著未來。我們總是會不斷
地去想，未來會怎麼樣？未來會變得更好嗎？可是這種假設
性問題並不能對現實有什麼改變，也不會影響未來的走向，
它們都只是一些念頭而已。

　　我們需要明確，如果要想全然聚焦在當下，那就必須把
對未來的執念放下。至少在你全心全意投入的這一刻，不要
去想未來會怎麼樣，不要去想這件事最終的結果會如何。過
去最遠的延伸正在此刻，未來最早的起點就在此刻，我們可
以完全掌控的自我也在此刻，所以只有此刻才是最重要的。

　　你要以鄭重的態度把所有注意力都聚焦在當下這一點，然
後讓自己在此刻使出全力。如果在這一刻做到了，接下來就是
下一刻，下一刻你不需要改變，只要依樣畫葫蘆，保持狀態即
可，千萬不要左顧右盼。

　　我喜歡在咖啡廳寫作。在我的概念中，我的住所是用來
生活的，而咖啡廳是用來工作的，這種環境上的分離感非常
重要。當我坐在咖啡廳時，我提醒自己把生活中的一切負擔

和煩惱拋開，只思考與寫作相關的內容。

　　當然很多時候咖啡廳是熱鬧的，常有人在大聲討論，而我則把這種雜訊當成訓練自己專注力的機會。經驗表明，當我完完全全地投入手頭的工作中時，周圍所有的雜訊就都像是不存在了一樣。如果我沒有成功地忽略掉雜訊，而是被其煩擾，那就說明此刻我的心還沒有靜下來，我還沒讓自己完全專注，於是我會要求自己調整狀態，嘗試進入更專注的狀態，這種狀態有一個心理學的概念叫作「心流」（Flow）。

　　我毫不懷疑心流是時間利用效果最好的一種方式，沒有別的利用時間方法可以與之媲美。要讓自己進入「心流」，最重要的東西不是技術層面上的，而是動力──內在的驅動力，就是說在你的心中，如果有一種強烈的動機推著你，不管怎麼樣，哪怕天塌下來你都要把眼前的這件事做好，你才有可能進入「心流」。

02

對五年後的自己提問

—— 如何解決遠未來與近未來的衝突？

那麼如何獲得這麼強大的內在驅動力呢？這其實就跟你對自己的期許有關，跟你到底想成為一個什麼樣的人有關。除了在大多數時刻需要聚焦在當下之外，你也需要少量著眼未來的時刻，不需要很頻繁或者花很多時間，只需要抽一小段時間來想想就可以。

「想想五年後你會做什麼，過什麼樣的生活。」

「為什麼是五年？」

「兩年、三年太短了，八年、十年變數又太大，你很難去捉摸。」

這段對話發生在十年前浙江大學的一場校園徵才博覽會上。提出「五年論」的是一位心理學專家，曾是浙江大學心理系的教授。他的經歷頗有傳奇色彩，在學術生涯一帆風順之時他突然轉投工業界，後來又在一家網際網路巨頭企業擔任要職。

當時聽到這段對話的我旋即陷入了沉思：為什麼要想五年這麼久？五年後的我又該是什麼樣子？

對人生來説，「五年」意味著什麼？

那時的我，算是當一天和尚敲一天鐘，每天就想想明天要上什麼課、有多少瞎玩的時間。我很少去盤算下學期要做什麼、到了明年又要學哪些新東西，看到別人的全年計畫還有點不屑一顧，所以又何曾想過五年計劃呢？直到現在，當我的人生經歷了無數猶豫、蹉跎、曲折之後，再次記起這段十年前的對話，我才漸漸領悟它的深意。

五年的時間通常會越過人生的「下一個階段」，進入「下下個階段」。畢竟大學也就四年，大多數上班族都會在三、四年內至少跳槽一次，或者從基層員工走上管理階級，從戀愛到結婚生子往往也用不了五年……

如果你是一個高三生，五年後可能已完成大學學業漂洋過海到美國求學；如果你剛懵懵懂懂收穫一份甜蜜的愛情，五年以後，你的孩子可能已經趴在你的後背上玩耍。「五年」還意味著你可以去精熟一門可以傍身的技能，或者在一個學術領域完成系統性的知識儲備……它意味著你可以去思考有

沒有可能堅持做好一件有價值的事情，甚至把它做到極致。

如果你只願隨波逐流、隨遇而安，沿著最普通、最一般的人生軌跡往前走，那麼你就不需要提前五年去思考。但是，如果你想走出不一樣的人生，做一些不一樣的事，那麼以五年為期，你可以為自己制定一個長期的目標，並為之做出持久而堅實的努力。你需要好好思考一下，如何透過一點一滴的人生增量，完成個人核心競爭力的鍛造。

如果把五年作為完成一件事的時間區間，那麼也意味著你需要忍受頭幾年的挫敗、煎熬和孤獨，乃至別人的誤解、嘲笑和攻擊。這個世界上多的是投資少、週期短、見效快、效益高，且付出馬上就有回報的事，也多的是需要長期投入、靠矢志不渝的堅持才有大成的事，只不過前一種人們常常趨之若鶩，後一種人們卻避之唯恐不及——正因為如此，才更有去做後者的必要。

當你對五年後的自己有個明確目標和具體的想像之後，便有了全力以赴做好當前事情的動力。要知道，這個動力不是來自外界，無須他人監督和催促，而是來自你的內心，來自你對自己可以成為一個什麼樣的人的期待，而它會成為一股非常持久的動力。而且因為目標尚在遠處，所以你不必太在乎短期結果，只要持續專注地去做應當做的事就可以了。

兩種未來視角下的思維差異

　　心理學家阿爾文・利伯曼（Liberman）和特普（Trope）把未來分為「近未來」（Near future）和「遠未來」（Distant future），他們認為人們對於兩種未來的應對方式是不同的。

　　「遠」和「近」本是相對的概念，但一般來說，可以把未來的幾小時、幾天、幾週當作近未來，把未來幾年乃至更遠當作遠未來，而「五年後的自己」正是引導我們把目光放到了鮮有考慮的遠未來。

　　當人們設想發生在近未來和遠未來的事情時，會形成不一樣的心理表徵，並採用不同的方式去處理。也就是說，這涉及了兩種不同的心智模式。

　　按照利伯曼和特普的時間解釋理論（Temporal construal theory），在遠未來視角下，人們傾向於用抽象、概括的方式去思考。比如，一個剛上心理系的大一學生，可能會定下「成為心理學家」這樣的遠期目標，但這個目標對他來說是抽象的，他甚至不知道該怎麼定義「心理學家」，也不知道要透過怎樣的努力才能成為「心理學家」。他之所以設立這個目標，可能只是因為這個目標足夠酷炫、新潮，能夠滿足他「實現人生價值」的期許。所以遠未來視角下的想法常常

缺乏細節，考慮更多的是這件事情對自己的價值和意義。

在近未來視角下，人們更容易將這些期許放到實際情境中去思考，主要想的不是「要不要做」，而是「怎樣去做」。例如這位大一學生，在學習「普通心理學」這門課程時，就會提醒自己要做好課前預習、課堂筆記、課後練習這些，同時還要主動和老師溝通，甚至去摸清授課老師的脾氣和喜好。而這些具體努力最終的指向可能就是拿到一個好分數，但是從長期視角來審視的話，拿高分對他來說，恐怕並不是最重要的。

面對問題時採用這兩種視角各有利弊。做遠景規劃時，人們通常會著重考慮目標的價值和意義。從價值和意義上來看，這些遠期目標的設定並無不妥，但是往往會缺乏可行性。而對於近在眼前的事情，人們會多方考慮事情的可行性和實施的步驟，但這種思路也存在副作用，就是它會讓我們傾向於去做可行性更高、更容易實現的事，而迴避更有意義同時也更具有挑戰性的事。

從這個角度來看，「五年設想」實在是一個很有用的技巧，它讓我們用情境化、具象化的方式來構想遠未來，把時間拉近到眼前，使未來鮮活、生動起來，這就有利於從實施的角度去設計實現未來的方式。同時，也正是由於「五年」

橫跨的時間很長，我們就不會把可行性、便利性作為主要的判斷依據，就不會因為一件事簡單、易實現就去做，而是從它的長期價值出發，同時考慮確實具有可行性後才去做。

如何解決生活裡兩種未來的衝突？

「近未來－遠未來」的框架可以用來分析生活中的各個方面，生活中的很多問題，都是由「近未來」和「遠未來」的不一致甚至衝突所導致的。

就拿拖延症來舉例，產生拖延症的一個原因是，「遠未來」中有一個抽象且意義重大的目標，例如「完成博士論文然後拿到博士學位」，而「近未來」則遇上了現實的阻礙，並且還有多個更便利、更誘人的替代選項。例如，在科研活動中，現實阻礙很可能是實驗結果不理想，得到的資料不符合預期，這些障礙會促使一些人逃遁到看電影、打遊戲這些便利的選擇中。

但同時，他們內心會希望自己能繼續完成科研，因為他們頭腦中的遠未來不斷地強化著這件事的意義：「完成博士學業是我的全部」，「如果博士退學就真的走投無路了」。遠未來的意義強化和近未來的現實阻礙形成了強烈的衝突，

因此問題不僅無法解決，反而更加嚴重了。

那該怎麼辦呢？

一方面，從「遠未來」的角度，我們應該「重戰術、輕戰略」，減少強調價值和意義的重要性，也不要一直擔憂目標沒有完成怎麼辦，而是應該多思考實現目標的具體途徑，把注意力放到「怎樣去做」上，特別是放到那些可立即實施的行動上。

另一方面，從「近未來」的角度，應該提高做出替代選擇的成本，也就是說讓那些原本很便利、很舒服的事情變得不那麼便利與舒適，比如刪除電腦裡所有的電影、遊戲，剪斷網路線，或者把螢幕顯示器顛倒放置等等。

有人可能會笑我，電影刪了還可以再下，網路線剪了可以再接，螢幕顯示器顛倒了還可以翻過來，這些奇葩方法確定不是開玩笑？方法奇葩無所謂，有效果就行。當然，具體的方法你可以自己設計和定奪，但目的就是增加替代選擇的執行難度。難度增加了，實施的機率自然就會降低，再一對比，可能還是覺得做科研更簡單直接一點。

除了拖延症這個大難題之外，其他許多事情也反映了兩種未來視角的衝突。花長時間來習得一項技能、培養健康的生活習慣、採用環保節能的生活方式等，莫不如此。因為從

長期來看，獲得出眾的才能、保持身心健康、保護地球環境這些事情的價值和意義都不容置疑，但是將它們放到較近的時間範圍裡考量，人們又會因為貪圖一時的便利或滿足一時的欲望而偏離這些長期目標。即便像垃圾分類這樣簡單又很有意義的事，人們都可能為了偷一點懶而不積極配合，更何況其他事情呢？

又比如在學習時，獨立鑽研一道難題雖然會面臨各種挑戰，但整個過程中得到的收穫也會很大，如果早早放棄，轉而從老師、同學那裡討要答案，自己反倒失去了充分鍛鍊的機會。現實中，人們更可能因貪圖方便而選擇了後者，因此我們需要警惕這種惰性，有意識地克服近未來視角下「抄近路」心態，正面迎接挑戰。

所以，要想處理好「遠未來」和「近未來」，我們可以採取下面兩種方式：

1. 讓遠未來的目標更加具體，添加更多的細節，以增加實施的可能。

2. 在近未來降低接觸便利選擇的可能性，並選擇不斷接受必要的挑戰。

03

我們總是在重複地抓起沙子
—— 把時間花在值得做的事情上

　　從小我們就被反覆教導要「合理利用時間」，可是對於如何做到「合理」，又沒有人教我們通用、有效的方法。簡單地說，「合理利用時間」就是選擇去做正確的事，把時間花在值得做的事情上。

如何判斷一件事情是否值得做？

　　在分析一件事情值不值得去做、花多少精力去做時，可以從兩個角度來評估：

　　1. 這件事在當下帶給「我」的收益大小，這個收益可以是心智、情感層面的，也可以是身體、物質層面的，我稱之為「收益值」。

　　2. 這項收益隨時間而衰減的速度，我稱之為「收益半衰期」，半衰期長的事件，其影響會持續較久。

　　半衰期最早是物理學中的概念，指放射性元素中，半數原子核發生衰變所需要的時間，半衰期越短，衰變得越快；半衰期越長，衰變得越慢。不同元素的半衰期差異非常大，短的不到 0.01 秒，長的可達幾億年。後來，許多其他學科也沿用了半衰期的概念，例如在醫學中，藥物的半衰期是指藥物在生物體內濃度下降一半所需的時間。元素的半衰期屬於該元素的固有屬性，不受環境影響，而藥物的濃度半衰期則會因個體體質不同而有所差異。

　　在生活中我們常常只關注到一件事情在發生時帶給我們的即刻好處，而忽略了這一好處是否可以持續下去，產生長期的效果。就拿玩遊戲來說，玩遊戲帶來的愉悅感是其他絕大多數事情無法比擬的，但一旦停下來，這種愉悅感就迅速消退了，於是有些人為了再次尋求這種強烈的愉悅感，就會不斷地玩下去。所以玩遊戲對大多數人來說，就是高收益值、短半衰期的事件。再拿觀看綜藝節目來說，很多綜藝節目耗資巨大、設計巧妙、製作精良，又有多位大牌明星助陣，所以具有很強的觀賞性，讓觀者身臨其境、大呼過癮，可是一旦節目結束，就會感覺失落，第二天能記起來的也不多，所以觀看綜藝節目也可以視為高收益值、短半衰期的事件。

　　以此類推，我們生活、學習和工作中的大多數事情都可

以從這兩個角度來衡量，由此便可得到由這兩個角度組合成的四類事件：

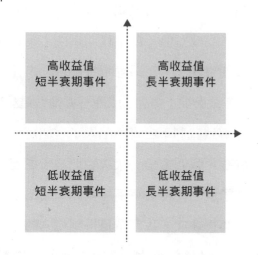

高收益值
短半衰期事件

高收益值
長半衰期事件

低收益值
短半衰期事件

低收益值
長半衰期事件

1. 高收益值、長半衰期事件：找到真愛、學會一種有效的思維技巧、與專家進行一場意味深長的談話。

2. 高收益值、短半衰期事件：買一件當季流行的衣服、玩一整個下午的手機遊戲、以「扶牆進、扶牆出」的方式吃一頓自助餐。

3. 低收益值、長半衰期事件：練一小時書法、背三首詩、讀懂哲學著作的一個章節、多一組技能練習、認真地回覆一封友人的郵件。

4. 低收益值、短半衰期事件：挑起或參與一次網路論戰、漫無目的地滑微博、使用社交軟體窺視陌生人的隱私。

少做短半衰期事件

反躬自省一下，可能會發現，我們平時最喜歡做的、做得最多的，是「高收益值、短半衰期事件」，其次是「低收益值、短半衰期事件」，而另兩類長半衰期事件，我們或許做得很少，或許做得很不情願，或許不具備做這些事的條件。

這個現象導致我們不自覺地陷入了一個短半衰期的沙坑之中。在沙坑裡，我們總是一次次地把沙子抓起來，剛獲得一點快感，沙子就已從指尖滑下，我們不得不重新來過。即便這個過程重複再多次，我們還是得到相同的結果。每一天都是嶄新的一天，但每一天都在重複昨天的「故事」。

但是長半衰期的事件就不一樣，它的效益可以累積和疊加。即便每一次事件的可見效益微乎其微，但是只要它的半衰期足夠長，這個效益就可以傳遞下去，成為奠定未來成功的一塊小小基石。比如背單字，背一個單字可能過幾天就會淡忘，但是當你幾天後重新背這個單字時，第一次行動留下的底子還是在那裡，它可以降低你再次記誦的難度。

現代社會的快節奏、碎片化和功利性等特點，使得現代人很容易陷入「兩個無能」之中：

1. 選擇無能：指我們很難判斷兩個事情哪個更重要，比

如兩本書看哪一本，兩個證照去考哪一個，於是就成了布呂丹的驢子，在猶豫不決中寸步難行。

2. 執行無能：指我明明知道這件事情很重要，但就是不去做。對廣大「拖延症患者」來說，往往一件事情看起來越重要，內心的恐懼感就越大，就越容易拖，最後一事無成。

這些狀況，都可以用一個簡單的行動來改善，我稱之為「采銅法則」——儘量少做「短半衰期」的事情。

這個法則暗藏著兩層涵義：

1. 收益值的高低無關緊要，只要不是短半衰期的事情，只要這個收益可以被累加，就儘管去做。

2. 不要只盯著那些看起來酷炫、新潮，一些不重要、不緊急的事情，只要對你有長期的益處，仍舊可以去做。

可能有人會問：「我們需要應對的事情多到數不勝數，到底如何判斷這件事情是長半衰期還是短半衰期呢？」對於這個問題，首先要明確的一點是，與藥物的半衰期類似，一個事件的半衰期也有個體差異，也與具體完成這件事情的方式有關。

同一件事情發生在不同人身上，半衰期可能天差地別，最明顯的例子就是旅遊。有些人旅遊是走馬看花、「到此一遊」，那麼半衰期可能就很短；而另一些人旅遊前就會做足

功課，對遊覽地的文化、歷史和地域特點詳細瞭解，在遊覽過程中又細緻入微，仔細觀察當地的風物，並認真撰寫遊記，那麼對他們來說，旅遊的半衰期可能就會很長了。

哪怕玩遊戲也是這樣，如果你用一種「創作者」的眼光去欣賞和解剖一個遊戲，去分析遊戲設計中的技術和美學，那麼你也能獲得長久的教益，當然這種玩遊戲的方式就和大多數玩家的方式已有了本質的不同。

其次，有些收益本身就具有「長期保持」的屬性，比如方法、技能以及具有稀缺性或者不可替代性的核心競爭力，識別是否具有這些屬性，可以幫助我們判斷事件的半衰期長短。下面是根據這一思路，對長半衰期事件的大致羅列的「長半衰期事件指南」：

- ・累積可信的知識。
- ・訓練實踐技能。
- ・創造新的思維模式。
- ・提升審美品位。
- ・反思和總結個人經歷。
- ・保持和促進健康。
- ・建立和維持相互信任的關係。
- ・尋找和獲得稀缺性資源。
- ・探索、提出獨創性的構思或者發明。
- ・獲得高峰體驗。

　　這個表單還可以繼續列下去，大家可以在實踐中慢慢體會與摸索。當然，雖然名為「采銅法則」，但它並不是什麼金科玉律，它只是一個思維工具，一項可以加諸內心的判斷標準。它就像一把「時間之尺」，丈量出具有長遠價值的事物，提醒我們避免沉迷於對短暫欲望的追逐之中。當然，它並不意味著要完全杜絕短半衰期的事，畢竟人還是需要當下的快樂和即興的滿足，只不過，它不應是我們生活的重心。清醒地意識到我們到底在做什麼、要追求什麼，才能做出讓自己未來不會後悔的選擇。

我們為什麼要多讀經典？

　　我們可以用半衰期看自己，也可以用半衰期看他人、看歷史。時間自有偏愛，回顧歷史，一些傑出的人物在歷史上留下了獨特的印記，即便星移斗轉、時移世易，他們以及他們各自的經典作品仍被今天的人們記起和談論。

　　所謂經典作品，就是具有超長半衰期的作品。義大利文學家伊塔羅‧卡爾維諾（Italo Calvino）寫過一篇著名的文章〈為什麼讀經典〉，在這篇文章中，他這樣定義經典作品：「一部經典作品是一本每次重讀都好像初讀那樣帶來發現的

書。」隨後他又寫道：「一部經典作品是一本從不會耗盡它
要向讀者說明一切事物的書。」簡單地說，經典的價值，就
在於你總是會從中找到新的東西，所以經典是怎麼讀都讀不
盡的。

　　為什麼經典作品會有如此魅力呢？按照我的理解，一部
經典作品必然包含了某種接近「事物本質」的東西，也就是
某種根源性的東西，所以世間千殊百異的人、事、物，最後
都可能和這個根源性的東西發生共振。因此一部經典作品，
就像一道特殊的光源，不同時代的讀者去賞析它時，都會被
這道光源照見內心中不曾被照亮的部分，即便是同一個人，
在不同的人生階段去讀它，也會因為想法和境遇的改變而被
照亮內心中不同的地方。

　　投資家納西姆・尼可拉斯・塔雷伯在《反脆弱：脆弱的
反義詞不是堅強，是反脆弱》一書中介紹了「林迪效應」。
按照他的表述，林迪效應是指對於會自然消亡的事物，比如
一個生命體，現在的歲數每增加一天，那麼餘下的預期壽命
就會縮短一天；而對於不會自然消亡的事物，生命每增加一
天，則預示著剩下的壽命可能會更長。

辨別生活中的訊息雜訊

塔雷伯的林迪效應正好可以解釋經典作品的長期價值，因為作品不是生命體，不會自然消亡。按照林迪效應，一部作品流傳得越久，它就越有可能在今後更長的時間內傳承下去，繼續發揮它的價值。

可是隨著網際網路漸漸主宰人們的生活，如今越來越多的人開始忽視經典的價值。微博、朋友圈無時無刻都在刷新，人們的閱讀越來越碎片化，也越來越難以保留持久的興趣，一個全民熱議的話題通常也只能維持一、兩天的熱度，隨後就歸於沉寂。這些碎片化、無價值的資訊實際構成了一種「訊息雜訊」，干擾了我們對真正有意義、有價值的訊息判斷。

那麼我們如何才能從龐雜氾濫的訊息中分辨出哪些是有價值的訊息，哪些又是「訊息雜訊」呢？

辨認「訊息雜訊」有一個立竿見影的方法，就是調整評估訊息價值的時間尺度。法國歷史學家費爾南・布勞岱爾提出記述歷史的三種時間尺度，其中最長的時間尺度關注的是一個地區的地理和氣候環境，中等的時間尺度關注的是社會和文化層面的因素，而短時間尺度才是傳統歷史學所關注的具體的歷史事件。

　　布勞岱爾認為，具體的歷史事件出現，往往具有隨機性，在表面現象背後，是更深刻和穩定地導致該事件發生的中、長時間尺度的因素，這些因素才是更值得歷史學家記述的。天天更新變換的網路熱門話題從一個長期的時間尺度看，更像是無意義的隨機波動，在歷史面前不過是一些肥皂泡沫而已，並沒有什麼價值。

　　透過變換時間尺度，我們可以更真切地去評價我們每天接觸的資訊，從原本追求「即時興奮」的模式切換到追求「長久受益」的模式，就可以把過多的「雜訊」辨析和過濾掉。你主動過濾掉的雜訊越多，你就越有富餘的時間、精力來尋找和領會那些真正有價值的資訊。此外，對氾濫的資訊保持警惕，把更多的目光投向那些被「時間之尺」篩選過的經典作品上，可以避免無謂的躁動。從心智的成長層面上講，這種「復古」也恰是最有效率的。

　　你不如想像，和那些歷史上的傑出人物做朋友，就如同把他們加為微信好友，每天捧讀他們的作品，就如同滑朋友動態，這時你或許會發現，這個朋友圈絲毫不比你現實好友的朋友圈無趣，甚至更加引人入勝。

　　如果我們多瞭解一下那些歷史長河中的傑出人物，就會發現他們往往是不為潮流所動的人，甚至常常帶著點偏執，

而且他們都發現了自己獨特的才能，並且努力地、義無反顧地去把這個才能發揮至最大。「向那些偉大的智者看齊」，並非是要亦步亦趨地重走那些先賢的道路，畢竟時代已經全然不同，而是要選擇像他們那樣，走一條自主選擇並且可以一往無前的道路。

當我們用「時間之尺」丈量歷史中的自己，與那些傑出人士相遇、交談，你就會發現，與同齡人做比較並沒有那麼重要，更沒有必要在這種比較中自我懷疑、自怨自艾。

人生那麼短，路又那麼長，你好好走就是了。

04

「快」與「慢」的自由切換

——為什麼我們的時間永遠不夠用？

「為什麼我的時間總是不夠用？」如今的我們常被這個問題困擾。我們抱怨有太多的事情要做，又好像永遠都做不完。「沒有時間」成了口頭禪，有時候是藉口，有時候更是實情。正如歷史學家帕金森（Parkinson）提出的帕金森第一定律：工作會自動膨脹，直至占滿所有可用的時間。

有時候你覺得自己工作效率很高了，主管分配、交代的事情有時還能提前完成，沒想到卻總會有新的事情冒出來，比如部門裡其他的同事又來找你幫忙了，一句「能者多勞」可能就會讓你陷入無休無止的工作中。

現代社會就像一架高速運轉的機器，每個人都在其中扮演著某種角色。機器越轉越快，人就被推著一直往前跑，疲於奔命。同時，人的消費欲望被無孔不入的廣告和形形色色的行銷手法拉動著，人們變得無法滿足於已經擁有的東西，而是不斷地想要更多。如此一推一拉之下，人就會陷入無窮

無盡的慾望泥潭裡反覆掙扎著，過了許久之後回頭一看，人生就這麼過去了。

時間管理，讓我們越來越快

時間猶如一套嚴苛的規則，規範著我們的工作和生活：什麼時候睡覺不僅取決於有沒有睡意，也取決於時鐘顯示的時間；什麼時候吃飯不僅取決於有沒有餓，也取決於有沒有到「飯點」。

這種情況可不是在人類社會早期便有的，據美國社會哲學家劉易斯‧芒福德（Lewis Mumford）在《技術與文明》（*Technics and Civilization*）中所述，機械時鐘最早使用始於十三世紀歐洲的寺院，用於幫助人們準時地參加宗教活動。直到西元 1345 年左右，歐洲人才開始普遍接受將一小時分為六十分鐘，把一分鐘分成六十秒。也是從那時起，時間作為一種社會活動的參照框架，把人的生活從大自然的背景中分離出來。之後的幾個世紀，時鐘走出宗教領域，在人類的經濟活動中扮演了關鍵角色。芒福德甚至認為，工業革命中最關鍵的機器不是蒸汽機，而是時鐘，直到了現代社會，時間更是被推上了神壇。

　　在這種背景下，「時間管理」應運而生，還成了今天的一門顯學。它教我們如何設定任務目標，如何把任務分解，如何區分重要和緊急，如何把事情列成清單並設定好時間，如何把控好自己的工作效率……這些方法無疑都有一定的作用，但只不過都是「技術層面的解決」。

　　所謂「技術層面的解決」，是指只對問題的表面部分實施干預，而忽視了問題深處的根源。其後果是，問題的表面部分在短暫的消失後又再次出現，甚至越演越烈。很多教我們如何提高效率的方法，並不是幫我們逃離現代境遇所構築的牢籠，反而是要對其加以技術性強化，教會我們更精細、更嚴苛地分割生命時間。

　　我們原本以為加快速度可能就輕鬆了，最後卻發現，這個「快」是沒有止境的。透過讓自己更快來趕上外部環境的快，表面上來看也有幾分道理。可窮究起來，卻是難以成真的海市蜃樓，因為完成一件事情的複雜程度往往超過我們的想像。看看美國電腦科學家侯世達（Douglas Hofstadter）提出具有遞迴色彩的侯世達定律：「實際做事花費的時間總是比預期還要長，即使預期中考慮了侯世達定律。」

　　人們無法預估未來發生的意外事件，而意外事件總是頻頻發生，打亂人們的原定計劃。波蘭社會學家齊格蒙‧鮑曼

（Zygmunt Bauman）認為，我們現在所處的社會是「液態的」
（Liquid），是一個流動的世界，在這個社會裡，沒有什麼
東西是一成不變的，一切都處於不確定性中。

　　我們通常制訂的計畫往往會大大低估完成任務所需要的
時間，而正是這樣的低估，逼迫我們快馬加鞭，去完成一個
個原本在既定期限內難以完成的任務，而一旦無法完成，我
們又會陷入自責之中，這種自責本身也是耗費時間的……

　　因此，雖然時間管理對於提升人們的工作效率和工作業
績會有一定的幫助，但人們的主觀感受卻常與此並不一致，
依然覺得時間不夠用，事情永遠都做不完，甚至為此而心力
交瘁。既然如此，能不能反過來想：為什麼我們就不能慢下
來呢？

工作要快，但生活要慢

　　哈佛大學的李歐梵教授認為，我們應該從一味求快的心
理慣性中跳出來，讓生活變得更有節奏感，也就是「有快有
慢」才好。他在《人文六講》一書中寫道：「現代人的日常
生活應該有快有慢，而不是一味地和時間競賽。什麼叫有快
有慢？用音樂的說法就是節奏。如果一首交響曲從頭至尾快

到底，聽後一定喘不過氣來，急躁萬分。所以一般交響曲都有慢板樂章，而且每個樂章的速度也是有快有慢的，日常生活上的節奏和韻律也應該如此。」

他讓自己慢下來的方法是每天抽一點時間去「面壁」，也就是在一個私人的空間裡，靜靜地去聽自己內心的聲音，讓心中不同的「自我」參與對話和辯論。這樣，可以讓自己不隨波逐流。而另一些事情，像處理日常公務諸如看郵件、寫報告等，則是越快越好，李歐梵先生說他都是用「極有限的時間」把它們處理掉的。

李歐梵先生的做法頗符合「平衡時間觀」，在工作場合和生活場合採用不同的時間觀，也正是平衡時間觀所提倡的。可現代人常犯的錯誤就是把工作和生活相混淆，不是「過日子」，而是「趕日子」。

使用時間的節奏是很重要的，這一點我也深有感觸。因為我是自由職業者，我的節奏全部要我自己來調。我不用上班打卡，不會被要求加班，表面上看，時間由自己自由支配是一件多麼愜意的事啊。其實不然，沒有人監督，全靠自律來使用時間是對人性的重大挑戰。

在我剛從公司辭職、開始自由職業的前半年裡，每天睜開眼，一股強大的懶惰情緒都會像幽靈一樣悄然出現，把我

纏住。然後便是長久的自我搏鬥，我到底要做什麼？我的目標是不是不切實際？我到底有沒有可能達到我期望的目標？我是不是又在浪費時間了？

　　由於一切都是自我驅動，包括自己設定目標、自己思考對策、自己監督執行等等，所以我扮演了多重的角色。想像一下，現在一部怪異的電影正在上演，導演是我，主角是我，攝影是我，燈光是我，連叫外賣的場務都是我。這意味著，我必須對於「時間」這件事有一個充分的、清醒的、完整的認識，並在實踐中貫徹這種認識，我才可能免於被綿延不絕的自我懷疑、壓力和惰性給毀掉。

　　後來我發現，掌控時間的才能跟其他才能一樣，也是可以訓練的。首先，在與時間的相處中，我要把自己放在一個掌控者的地位，如果不加掌控，時間就是一匹脫韁的野馬，而我要敢於騎到馬背上勒住牠，讓牠明白誰才是這片草原上的主人。其次，我要循循善誘，我不能對這匹馬太過苛責，不能要求牠馬不停蹄地一路狂奔，我要允許牠休息，或者慢下來，然後再快起來、跑起來。

　　由於快慢都由我自己操控，所以我對「過快」或者「過慢」的感受會更加敏銳一些。我發現，如果我連續三天處於高強度的工作狀態下，就一定需要一天來放鬆舒緩，如果強

撐著工作，我的文字品質就一定會大打折扣。而放空一天甚至兩天以後，再次提筆，靈感和思路又會自己湧出來了。所以，快與慢交替行進是最好的，切不可讓自己處於一種持續緊繃的狀態，反而會得不償失。

當然我從事的寫作並不是一種非常典型的工作。對於大多數人來說，需要自己去梳理生活和工作中的主要事件，然後好好想想，到底應該什麼事情要求「快」，什麼事情要求「慢」。我這裡簡單做了一個歸納，僅供大家參考：

盡可能求快的事情：	盡可能求慢的事情：
· 做家務等體力勞動	· 與家人共度閒暇時光
· 完成常規的事務性工作	· 欣賞藝術作品
· 完成簡單的執行性任務	· 自我反思
· 常用商品的線上、線下購買	· 思考重大決策
· 註定無法達成共識的爭吵和	· 創造性活動中的醞釀過程
爭論	· 為一個挑戰性任務做好準備

提升時間的使用深度

時間的「快」和「慢」也常常對應時間的「深」和「淺」。社會學家曾發現過一個「時間悖論」：半個多世紀以來，人們可自由支配的閒暇時間總體上一直呈增加的趨勢，但人們

主觀上卻覺得自己的閒暇時間在減少，也就是說，人們實際擁有的時間越多，主觀感受擁有的時間卻越少。

為什麼呢？這正好可以用時間使用的深度來解釋。

同樣是安排閒暇的時間，坐在電視機前看電視的「被動式休閒」所帶給人的滿足感就遠遠不如從事一項自己的業餘愛好所帶來的滿足感。在看電視時，我們可以同時嗑瓜子、玩手機、跟人聊天，我們並沒有傾情投入；而在進行寫作、繪畫等一些創造性的活動時，則可以完全沉浸其中，甚至進入「心流」的狀態。所以說，我們從閒暇中獲得放鬆和滿足的程度並不取決於閒暇時間的長度，而是取決於其品質。

在「心流」發生時，人心無旁騖、全神貫注，甚至忘記了自己的存在，忘記了時間的流逝，在這個過程中，人會獲得很大的滿足感。當然，人也不可能一直處於心流狀態，也需要很簡單地放鬆、閒適，只不過，在時間的「深」與「淺」之間需要某種平衡。

獲得高品質的休閒滿足其實很簡單，就是：**找到並保持至少一項長期的業餘愛好**。

保持一項愛好，讓它在時間的深度和長度中慢慢生長，可能會得到始料未及的成就。西班牙人約瑟夫・奧約（Josep del Hoyo）最早是一位醫生，從醫學院畢業後在一座村莊裡

行醫，同時，他沉浸在一項特殊的愛好中——觀察鳥類。

　　只要診所一空下來，他就會在診所門口掛起告示牌，然後跑到森林、河邊去觀察鳥類，他為此著迷，如癡如醉。在若干年之後，他和有相同愛好的朋友一起，開始編撰旨在包含所有鳥類的《世界鳥類手冊》（*Handbook of Birds of the World*）。

　　1992 年該手冊的第一卷問世，截至 2013 年，已經出版達十七卷之多，收錄了超過七千四百種的鳥類。奧約正是用一種「深」的方式來使用業餘時間，他對待時間的方式是「鄭重」的，他把「近未來」和「遠未來」結合在一起，並賦予時間意義和喜悅。

　　所以，達到事業與生活兩相平衡的祕訣，無外乎就是處理好時間的「近」與「遠」、「快」與「慢」、「深」與「淺」。可快可慢、有深有淺、且近且遠，著眼於長期，專注在當下，鄭重地對待所擁有的時間，應該就是一個人成熟地對待時間的方式。

精彩提煉

◆ 用平衡觀點看待過去、現在和未來，用鄭重的態度過好當下的生活，並結合過去和未來。

◆ 明確工作和生活的界限，用未來型時間觀工作，用現在享樂型時間觀生活。

◆ 使用「時間之尺」，審視事件的長期價值，盡可能刪減非必要事件。

◆ 讓「遠未來」更加具體，為「近未來」增加挑戰。

◆ 把握好做事的節奏，區分「求快」和「求慢」的事件。

◆ 提升時間使用的「深度」，減少被動式休閒的比例，保持至少一項長期的業餘愛好。

實踐練習

⟲ 檢視你現有的時間觀

1. 你會經常想起過去的事嗎?大多是開心的事還是不開心的事?它們分別對你當下的生活帶來了哪些影響?

2. 你是否認為最重要的是享受當下,做自己喜歡做的事情?你是否經常不顧後果或者忍不住誘惑,做一些對未來有所損傷的事?

3. 你會不會覺得很多事情自己無能為力,無法透過自己的努力去改變,或者覺得未來變數太大,無法真正為未來做規劃和打算?

4. 你是否有自己對於未來的目標,並且為此做出實現的計畫?你是否常為了實現目標,而不顧個人的健康、休息,甚至身邊人的感受?

↻ 調整你的時間使用方式

1. 舉出三至五件過去發生的不好的事情，寫下每件事可能帶給你的積極訊息，這些事情可能對你的未來產生哪些好的影響？

2. 檢視一下自己最近做的事情中，哪些事情只是對當下有好處，卻對未來幾乎沒有價值甚至有害？你決定減少做其中哪些事情的頻率？你會採取哪些方法來避免自己做這些事？

3. 列舉出三至五件你做過最有成就感的事情，這些事情對你或者他人產生了怎樣的影響？

4. 請寫下三至五個你未來五年打算實現的目標，以及你將如何去實現它。

5.　除了工作，請寫下三至五件你打算每週去做，而且能
　　讓自己放鬆下來的事情。

6.　請寫下一項你打算長期保持的愛好，以及打算每週至
　　少用多少時間去專心致志地做這件事。

第二章

尋找心中的巴拿馬

僅僅是好的選擇是不夠的，
我們需要的是最好的選擇。

01

從終極問題出發

—— 以人生最高目標作為第一原則

　　微軟創辦人比爾‧蓋茲和投資家華倫‧巴菲特是多年的好友。蓋茲曾回憶說，他第一次見巴菲特時，發現巴菲特的日程表稀稀疏疏，幾乎是一片空白，感到大惑不解。巴菲特解釋說，必須擅長說「不」，以便於去做那些真正特別的事情，蓋茲覺得這是巴菲特教給他的重要一課。

更高的標準，才會有更好的選擇

　　決策心理學認為，人在面臨選擇時，通常會採用「滿意原則（Satisficing）」，而不是「最優原則」。所謂「滿意原則」就是人會從自己最熟悉的待選項開始逐一考察，如果發現了一個能滿足內心標準的選項，覺得它是 OK 的，就會採納它，不會繼續尋找其他選項了。「最優原則」指的是一種全域視角，在對比完所有選項後，選出那個最好的，這種方式更加

費時費力，很多時候無法真正實施，所以並不是人們主要的決策方式。

在「滿意原則」之下，一個人能不能儘量做出一個好的選擇，就跟他認定「怎樣算滿意」有很大的關係。如果一個人的滿意標準比較低，那麼很快就會找到一個滿足標準的選項，而這個選項可能在所有選項中不過居於中下；如果滿意標準比較高，那麼達到標準的選項相對較少，就會多比較一些，最後選中的那個選項客觀上也會更好。

我們假設一個場景，在一座陌生的城市裡，你準備找一家餐廳吃飯。現在你把附近的餐廳由近及遠排序，依次標號為 A、B、C、D、E……如果你的內心標準是「找一家只要能填飽肚子就行的餐廳」，那麼也許你就會立即選擇 A，而對於 B、C、D、E 等完全不會考慮。

如果你的標準是「找一家乾淨衛生的餐廳」，那麼也許你會在 A、B、C 中選擇衛生條件最好的 B；如果你的標準是「找一家乾淨衛生並且好吃的餐廳」，那麼也許你會繼續去尋訪 D、E、F、G、H……同時參考網路上的評論，最後在反覆比較中找到一家可能最好的。

所以，如果你想吃到好東西，首先你要有一顆「想吃到好東西的心」。

　　這個道理放在學業和職場中也是一樣，你有沒有想過，「想讓自己成為一個很厲害的人」這個期望本身就會影響未來可能發生的結果，因為你的標準提高了，所以你的選擇總是會更好。我拿如何度過大學生涯來舉例子，很多大一新生來到大學後，以為你剛剛從嚴苛的高中生活中解放出來，所以一時間不知道怎麼適應大學生活，整天耽於玩樂，荒廢了學業。本來他們完全可以選擇認真學習的態度，可是他們卻選擇了相反的大學之路，其中一個最重要的原因就是沒有在心中設立一個比較高的標準。

　　特別是那些考入二、三流大學的學生，在這方面的問題可能更加嚴重，因為大考本身帶來的挫敗感加上二、三流高中學生的身分設定及環境暗示，不稱職的老師引發的失望以及同學間放任自流氣氛的帶動，都容易讓他們在一個低標準下自覺「滿意」地度過每一天。

　　一個成熟的人，他的標準來自他的內心，而大多數人，卻受環境所左右。一個年輕人，進入一所沒那麼優秀的高中，對自己的標準會不由自主地降低以適應這個環境，減少自身與環境的衝突，而這種做法對他們的人生也許是致命的。一個二、三流大學的學生，能夠勇敢地以「985[1]」高中生裡的

1　985：中國大陸為培育出與世界頂尖大學媲美的學校而實施的教育計畫，共有39所學校參與。

中等乃至高等水準來要求自己才是更恰當的做法，他一定也會從中受益。

　　如果心中有了更高的標準，他甚至可以選擇「炒掉」自己的學校，打破舊環境的束縛，尋找更高層次的新環境，比如：

　　1. 選擇網路上高水準的線上課程，不選擇本校水準稀爛的課程。

　　2. 選擇國內或國外優秀的教材，不選擇國內某些拚湊而成的灌水教材。

　　3. 選擇與最優秀的同學或學長交流，不選擇與班級裡成天玩樂的同學為伍。

　　4. 選擇參加具有挑戰性的各類競賽，不選擇只滿足於完成基本程度的課程作業。

　　首先意識到你是有更多選擇的，意識到現在環境給你的選項遠遠不是你可以獲得的全部，你便可以讓更高的標準推動著你，去發現更多的選項，最後做出對自己來說更好的選擇。這個方法，不論是對於什麼身分、什麼年齡、什麼處境的人應該都是適用的。

你內心真正的渴望是什麼？

德國著名的兒童文學家和繪本畫家雅諾什（Janosch）畫過一個很著名的故事叫《噢，美麗的巴拿馬》（*Oh, wie schön ist Panama*）：

小熊和小虎兩個人是很要好的朋友，他們住在河邊一個有煙囪的房子裡。

一天，小熊看到河面上漂來了一個裝滿香蕉的箱子，上面寫著「巴拿馬」。於是小熊就和小虎決定去找這個叫「巴拿馬」的地方，因為那裡會有很多很香的香蕉，應該就是他們夢想的地方。

一路上他們向狐狸、母牛問路，後來又遇上了刺蝟和兔子，並和他們成為了好朋友。

經過了一番跋涉之後，他們終於來到了這個叫「巴拿馬」的地方。可仔細一瞧，他們發現，這裡就是他們原本居住的地方！「巴拿馬」正好是這個地方的名字。於是小熊和小虎恍然大悟，原來他們一直住在自己夢想的地方裡⋯⋯

這個故事告訴我們：在努力跋涉之前，我們應該要知道，哪裡才是我們心中的「巴拿馬」。

　　可汗學院的創辦人薩爾曼·可汗（Salman Khan）是孟加拉裔美國人，他從小成績優異，大學就讀於麻省理工學院，學習數學和電腦相關科系，後來又在哈佛大學讀 MBA，畢業後在一家對沖基金任高級分析師。

　　一個偶然的機會，讓他發現自己更擅長做老師，他能夠用深入淺出的方式替孩子們上課，讓他們更容易聽懂。他還意識到如果能在網路上發布這些課程，便可以讓許許多多不適應課堂教學、成績落後的學生後來居上。於是他開始在業餘時間錄製影片並免費發布課程，隨後便一發不可收，錄製的課程也越來越多。

　　但是這也占用了他大量的業餘時間，於是他必須在兩者之間做出選擇，一邊是令人豔羨的高薪工作，另一邊是沒有收入、前途未卜的公益教育項目，最後他選擇了後者。這是一個在外人看來很難理解的決定，但是薩爾曼自己心裡卻很清楚，他明白這件事的意義和價值，便顧不上其他，勇敢地選擇了理想。

　　辭去工作後，薩爾曼只能靠自己的積蓄來繼續運作可汗學院，處境一度非常艱難。儘管他也會經常收到一些捐款，有人捐五美元，有人捐十美元，可這怎麼夠呢？幸運的是，不久後，兩筆重要的捐贈讓他的事業出現了轉機，一筆是風

險投資人約翰・杜爾的妻子捐出的十一萬美元，第二筆是比爾・蓋茲捐出的一百五十萬美元。

　　如今，可汗學院已經發布了幾千個教學影片，觀看次數達到了數億，而且可汗學院所宣導的「翻轉教室」教育模式正在引發全球教育界的反思和變革。

　　薩爾曼・可汗的人生選擇是非凡的，高薪的金融工作讓人「滿意」，但對他來說不是「最優」的。憑藉著內心對自己的極高期許，他選擇了一個更能實現人生價值的選項。正如史丹佛大學商學院的麥可・雷伊（Michael Ray）教授所說：「如果一個人，處處能以最高目標為原則，必然能在生活中做出正確的決定。」

　　在《這一生，你為何而來？》一書中，雷伊教授講述了他自己以及他的很多學生，因為處處以最高目標為原則而達至非凡人生的故事。他所說的「最高目標」，並不是指那些可以被度量、求最大化的目標，而是指從整個人生來看最有意義和最有價值的目標，這個目標反映了一個人內心深處的渴望——我們一直在尋找的那個「巴拿馬」。

在現有格局上，向上走一步

著名美學家朱光潛先生說，所謂「選擇」，就是「審分寸」，而「分寸」就是「本末輕重」。朱光潛曾檢討自己年輕時，由於沒能權衡好輕重，以至於花了很多功夫讀了一些不值得讀的書，寫了一些不值得寫的文章，也做了一些不值得嘗試的事，感到懊悔不已。他說，要能權衡好本末輕重，就得有「價值意識」，也就是要搞清楚「人生中到底想要什麼、追求什麼」。

一個人為自己的內心樹立什麼樣的最高目標、設定什麼樣的價值尺度，反映了他的「格局」。說到「格局為何」，電影《一代宗師》已經做了很好的回答，即「看自己、看天地、看眾生」。我想在此基礎上稍做發揮，提出四個層次的格局，並從「目標」、「眼界」、「信念」這三個面向來闡釋這四個格局：

▌零度格局：盲眾（看不見）

- 目標：無目標或只是追隨當下的潮流。
- 眼界：主要為流行文化以及身邊親友的觀點。
- 信念：以「人生苦短、及時行樂」等流行文化所潛移

默化傳遞的價值觀為典型。實際上這類人並無穩定的信念，很容易被他人誘導和說服，因而經常大喊「毀三觀」。

▌一度格局：逐利者（看自己）

・目標：作為精緻或粗放的利己主義者，旨在尋求自身利益的最大化。

・眼界：與逐利相關聯的各種知識和技能，包括對利益機會的洞察，同時兼具比較完整的常識體系。

・信念：篤信叢林法則，認為每個人都是逐利性動物，且能力越強的人能獲得越大的利益。

▌二度格局：理念人（看天地）

・目標：「理念人」（Man of ideas），即指為理念而生的人，他們畢生的行動就是追求和捍衛真理。

・眼界：對某個甚至多個知識領域有非常深入且系統性的鑽研，並常常能提出極具創造性的觀點。

・信念：真理是美的，人生的價值就在於追尋真理之美，與此相應地，必須保持內心的誠實。這類人的代表人物有奧地利哲學家維根斯坦、邏輯學家庫爾特・哥德爾和數學家艾狄胥・帕爾等。

▌三度格局：至善之人（看眾生）

* 目標：以改良社會、增進人類的福祉為最高目標。

* 眼界：往往對他人有很強的同理心，對人類社會的歷史和現狀有深刻認識，部分人可能同時具有某個專業領域的知識，兼具理念人的特性。

* 信念：個人對整個社會負有責任，應該努力去改善世界，減少世界的苦難和不公，部分人可能有堅定的宗教信仰。典型的人物如音樂家、哲學家、醫生和人道主義者史懷哲。

如果說在零度格局下，盲眾看到的是幻象和雜訊；一度格局下，逐利者看到的是自己的能力和欲望，那麼理念人看到的是這個世界深處的真和美，而至善之人看到的是自我與世界、自我與整個人類之間的紐帶。

正如史懷哲所說：「人不能只為他自己而活。我們必須認知所有的生命都是珍貴的，而我們和所有的生命是結合在一起的。這種認知指引了我們心靈和宇宙的關係。」

這就是格局。

如果我們從人群中隨機抽取一千一百一十一個人，那麼有可能，其中一千個人是盲眾，一百個人是逐利者，十個人是理念人，還有一位是至善之人。當然，沒有必要宣導人們

都往理念人或者至善之人的格局上去發展。因為不管是什麼格局，都應該是從自己內心出發的選擇。

　　我們無須期望自己能一步登天，一下子就擁有史懷哲這樣的高度精神，也未必一定要像理念人那樣為人處世，以追求真理為目標，畢竟我們大多數人還是平凡的普通人。而我只是希望你能在自己現有格局的基礎上，再稍微往上走一步，能夠看到一點更大的天地。

　　如果現階段你確實不知道你的最高目標是什麼，那麼你可以採用雷伊教授提出的一個簡單方法，回想一下，最近一週你做過最有意義的一件事是什麼。

　　最近一週，我所做過最有意義的一件事：

＿＿＿＿＿＿＿＿＿＿＿＿＿＿＿＿＿＿＿＿＿＿＿＿＿＿

　　當然也不一定是一週，你也可以想想最近兩週、一個月或者半年，你所做過最有意義的事。然後，你可以再回憶一下你在做這件事的過程中以及完成之後你內心的感受。

　　你可以問問自己，這件事為什麼對你如此重要呢？是因為它讓你感受到了難得的愉悅，還是因為內心的充盈，或者是一種平靜，還是難以自抑的激動？這些最有意義的事帶來

的感受，很可能就是你內心深處所追求的東西，由此你可以去思考，以什麼作為人生的最高目標，可以讓你長期、持續地獲得這種感覺。

　　當然，我們無法期望在一個很短的時間內就找到自己人生的最高目標，對有些人來說，這個過程只是一瞬間的頓悟；對更多人來說，它也可能是一個曲折和反覆的漫長過程。但不管怎麼說，當我們面對人生中的種種選擇時，如果我們拿出一點勇氣，為自己設定更高的目標，那麼我們就可以發現更多更好的選項，做出更加完美的決定。

02

逃離隱含假設的牢籠

——發現人生中更多可能的選項

我們是如何走入兩難困境的？

網友經常來信向我訴說他們的煩惱，這些煩惱大多關乎選擇，特別是關於個人前途和事業發展的選擇。讀得多了，我發現他們遇到的問題有一些共通性，下面就是三個有代表性的例子：

案例一：

我從高一開始想學動畫製作，大學科系也想選這個，但是大考失利讓我沒有考上想讀的科系，而是讀了國際貿易。我現在大二，在顧及現在就讀科系的同時還要去動畫學院上課，同時還要搞社團，忙得一團糟，感覺什麼都沒做好。同學都說我壓力很大，但是我真的很迷茫，希望你能幫幫我！

案例二：

　　我是一個剛畢業的大學生，在一家公司做著無關痛癢的工作，我渴望去大城市展現自己的才華，儘管我沒有什麼才華可言。我想做一些有技術水準的工作，透過工作學習一些專業技能，我渴望到一個能用得到我所學知識的地方去，儘管我不專業。正是這種不專業讓自己很沒自信，沒自信就沒信心出去，突然發現我居然這麼懦弱，或者說，自卑吧。

案例三：

　　我是 ×× 大學的博士生，讀博的過程非常痛苦，每天都在逃避，主要的原因是導師「放羊」和沒有意義的指導以及對我的各種否定，這些耗盡了我的積極性。我自己什麼也做不出來，又找不到方向，什麼都不想做，天天只做自己喜歡的事情，實在不想繼續這樣下去，了解到這樣下去不是辦法，但又不知道該怎麼改變，期望聽到您對於讀博過程的建議。

　　雖然三位求助者的處境各不相同，但稍作分析，我發現他們存在一個共通的模式。從當前處境、理想目標和內心狀態三個方面來看（表 2-1）：

表 2-1　三個案例的處境、目標與狀態

	當前處境	理想目標	內心狀態
案例一	國際貿易相關科系大二生	學習動畫製作	忙碌、一團糟，壓力大，迷茫
案例二	在一間公司裡打雜	想去大城市認真打拚，找專業性質工作，學習專業技能	覺得自己沒有專業技能，自卑
案例三	博士在讀，對導師失望，萌生退意	放棄學業，做自己喜歡的事情	非常痛苦，每天都在逃避

總結一下可以看到這樣的模式：

1. 有唯一的理想目標。

2. 理想目標與當前處境相反或者相差懸殊，兩者構成嚴重衝突。

3. 理想和現實的矛盾導致了糟糕的內心狀態。

我很理解三位求助者的心情，他們感覺自己就像掉入了一口深井，四周無路可走，爬出井外成了唯一卻又似乎不可及的希望。可事實真如他們感受的那樣嗎？

當我們陷於某個人生困局時，困住我們的不僅有外界的客觀現實，還有我們過去的經歷、習慣和慣性思維。這些東

西會在我們思考時自動植入「隱含假設」，從而限制了思考
的角度和範圍。其結果是，我們通常只是在兩、三個「可見
選項」中去做決定，而意識不到更多的「可能選項」。

　　「可見選項」指的是從我們的個人經驗和當前情境中自
動產生，顯而易見，無須主動探索和發現；而「可能選項」
指的是未被發現的潛在可能性，來自與我們關聯的未知世界
或者已知事物的深層資訊，需要我們主動探索和發現。

　　隱含假設的威力在於，雖然它們存在，你卻意識不到，
只是時時刻刻被它們影響著。在上面三個案例中，仔細分析
一下，就能發現三個人各自具有的隱含假設（表 2-2）：

表 2-2　三個案例的隱含假設

	隱含假設一	隱含假設二	隱含假設三	隱含假設四
案例一	愛好與職業要統一	事業決定職業選擇	課程學習決定專業技能	參加社團很有必要
案例二	工作職責會一成不變	大城市才能找到好工作	工作中才能學到技能	無法改變就是懦弱
案例三	名師才能出高徒	重在鼓勵	魚和熊掌不可兼得	退學後果很嚴重

　　上面這個表格中的隱含假設粗看都有一定的「合理性」，但是仔細推敲一下就會發現，它們不過是不同形式的「偏見」，並沒有充足的證據證明這些假設是對的。

　　如果求助者能意識到這些假設的不可靠，廓清這些假設的不合理成分，就可以掙脫這些假設對自己的思維所造成的束縛，從原先「無路可走」的假象中走出來，發現新的改變現狀的途徑，進而為自己的人生找到一些新的「可能選項」。

　　按照這個思路，我們看看這三個求助者應該如何走出困局（表 2-3、表 2-4、表 2-5）：

表 2-3　案例一之隱含假設與解決方案

	一	二	三	四
隱含假設	愛好與職業要統一	事業決定職業選擇	課程學習決定專業技能	參加社團很有必要
解決方案	閒暇時發布動畫作品，累積經驗	從非專業出身的動畫人經歷中獲得啟示	直接從作品入手，實現「做中學」	不參加社團也能找到好的工作，退出社團活動

表 2-4　案例二之隱含假設與解決方案

	一	二	三	四
隱含假設	工作職責會一成不變	大城市才能找到好工作	工作中才能學到技能	無法改變就是懦弱
解決方案	尋求調換部門、崗位的機會	多方打聽調研，發現當地好公司	參加技能培訓，加入學習社區，學習線上課程	從一個小改變開始，如每天堅持花一個小時看書

表 2-5　案例三之隱含假設與解決方案

	一	二	三	四
隱含假設	名師才能出高徒	重在鼓勵	魚和熊掌不可兼得	退學後果很嚴重
解決方案	找其他同行討論，如發E-mail給國外專家	從批評中找到自我改進的地方	學習時間管理，安裝工具APP，分配好專業與興趣的時間	在退學前做好準備，比如創業前先做好Demo

　　當然，這裡所列的選項只是全部可能中的一小部分，還可以有更多。由於求助者給我的資訊有限，所以我只能列出這些。求助者顯然對自己更加瞭解，只要運用這個方法，在對自己情況全盤梳理的基礎上，就能發現更多的可能性。

　　當我們在人生中遇到某個無法擺脫的僵局時，不妨先試試這三步：

　　1. 找出潛意識中的隱含假設。

　　2. 識別隱含假設中的不合理性，進行修正。

　　3. 形成新穎的、更靈活的思維框架，在此基礎上思考出「可能選項」並進行嘗試。

四種最普遍的隱含假設

　　對於剛才的三位求助者，我找到了他們各自不同的隱含假設。還有一些隱含假設，潛藏在很多人的思想深處，具有相當大的普遍性。如果能把它們事先找出來，可以讓更多人提早防備人生困局的發生。為此，我初步歸納了有關人生選擇的四個典型隱含假設：

▎賽道假設

　　「不要讓孩子輸在起跑線上」，這句話就是賽道假設的體現。暗自認同賽道假設的人，認為人生就是一場漫長的比賽，比賽的項目是設定好的，而獲勝者寥寥無幾，於是他們就容易陷入對競爭的焦慮和對失敗的恐懼中。他們可能會因

為害怕失敗而不敢嘗試、不敢試錯，只能戰戰兢兢、亦步亦趨地在一個被外界定型的軌道上不停地跑著。

低關聯假設

暗自認同這種假設的人認為，人生的種種經歷之間相互獨立，不存在什麼關聯性。比如很多人小時候學過畫畫，但是長大後就再也不畫了，他們不會想到，這些繪畫基礎對於在職場中運用視覺化思考很有用處。正如賈伯斯在史丹佛大學那個著名的演講中所說，人生就是一個連點成線的過程，有些經歷也許一開始看不到它的意義所在，但也許若干年後便會發揮其特有的作用。

定型心態

暗自認同定型心態（Fixed mindset）假設的人會用一種固定的眼光看待自己的能力，其中很多人會認為自己的天賦不夠，或者智商平平，於是在遇到一些挫折時就自怨自艾，失去了繼續努力的勇氣。與之相對的是「成長心態」（Growth mindset），擁有這種心智的人認為智力和才能是可以透過努力不斷增長的，因而並不懼怕短期的失敗，反而會越挫越勇，這樣的人往往能獲得更高的成就。

▌零和博弈

　　暗自認同零和博弈假設的人，在人與人的競爭中，更傾向於從別人那裡爭奪利益，而很少去構想雙贏的方案。針對這種思維，《與成功有約：高效能人士的七個習慣》作者史蒂芬‧柯維專門寫了一本《第三選擇：解決人生所有難題的關鍵思維》，宣導在「你的方法」和「我的方法」之外，應該努力尋找一個「我們的方法」，透過這個「第三選擇」，參與的雙方可以實現協同和雙贏。

新的思維框架，探尋新的可能

　　上面的四種隱含假設曾經在不知不覺中影響著我們的生活，現在應該是跟它們說再見的時候了。僵化的教條應該被新的、更為靈活的思維框架代替，這種框架應該具有比較大的包容性和開放性，為更多的可能性開闢空間。下面是我總結的三種更加靈活的思維框架，也許能對正尋找新方向的人有所幫助。

▌目標懸置

很多人的煩惱來自同時有多個不同的人生目標想實現，但又不知道怎麼處理目標之間的關係，因此感到無所適從。我們在追求兩個以上的人生目標時，最常見的有兩種模式，一種是串列模式，還有一種是並行模式（見圖 2-1）。

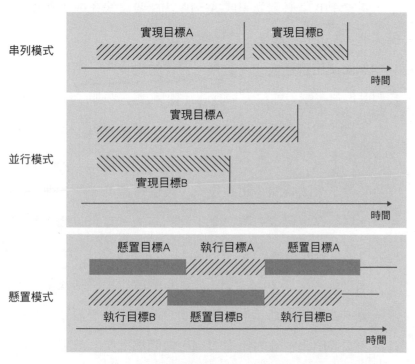

注：實現目標 A/B：表示執行目標 A/B，直到目標實現。
　　執行目標 A/B：執行目標 A/B，但並未完成。
　　懸置目標 A/B：表示將目標 A/B 擱置一旁。

圖 2-1　追求人生目標的兩種模式

1. 串列模式：必須在實現目標 A 後才能實現目標 B，實現目標 A 是實現目標 B 的前提。比如有些人會說他的人生計畫是先賺大錢再做慈善。

2. 並行模式：同時追求目標 A 和目標 B。

這兩種模式都暗含著實現目標的迫切心態：在串列模式中，要實現 B 就必須先完成 A，所以 A 要儘快完成；在並行模式中，A 和 B 一起來，就更顯得迫切了。

無論使用哪種模式，在實現目標的過程中，都可能會讓我們覺得每天壓力都很大，憂心忡忡，甚至感到心力交瘁。

那麼「目標懸置」是什麼意思呢？顧名思義，就是把你的目標停下來、放一放，但這個「放」不是放棄，只是懸置。在這個停下來的時間（比如幾天、幾個月甚至幾年）裡，你可以休息放鬆也可以去做完全不同的事情，等到時機成熟，你又可以重新開始。

史丹佛大學在 2015 年 10 月宣布開啟一項學制改革，將傳統集中在十八歲到二十二歲區間的連續四年學習制改為可終身多次進出學校的六年學習制。他們把這次改革稱為「開放環型大學」（Open loop university），這無疑是一場「目標懸置」的嘗試，原本在大家看來重要而迫切的「拿到大學學位」這個任務變成了一件可以懸置起來、暫不理會的事情。

這樣一來，大學學習不再是封閉性的，不再是與工作實踐分離的兩個不同人生階段，兩者是可以靈活交替進行的。

在目標懸置的思維框架下，我們可以使用「懸置模式」來行動，這樣我們的生活、學業和事業可以變得更加靈活，有更多可以自由運用的空間。比如你可以設定在一年中，拿十個月的時間全身心工作，餘下兩個月時間來發展自己的愛好，也就是說用十個月的薪水來養活另外兩個月的自己。或者週期更長一點，先工作兩、三年，然後辭職，空出一年來做自己喜歡的事，然後再工作。這樣做雖然看起來比較大膽，但不少人已經在嘗試了，它未嘗不是拓展人生新航道的方法。

▍能力嫁接

出於將複雜問題簡單化的需要，我們潛意識裡會把整體分解成局部，把不同的事物劃分類別，建立區隔。最典型的就是我們的知識體系被人為劃分成不同的學科，每一個學科下又形成了不同的分支。

這種分解性思維在我們的生活中影響深遠，有時候它確實是解決問題的利器，但有時候它也會是局限我們思維的阻礙。很多時候，我們之所以認為工作和愛好之間有不可調和

的對立和衝突，往往是因為我們沒有發現兩者之間的潛在關聯，因而沒辦法把它們統合在一起。

在美國有一位數學家兼物理學家叫羅伯特・朗（Robert Lang），他在加州理工學院和史丹佛大學接受教育，獲得物理學博士學位，後又去了 NASA 工作。讓人感到驚奇的是，在作為一名物理學家工作了幾年之後，他突然辭去工作，全身心投入從幼年起就非常熱愛的折紙藝術中。其實，那時他已是一位世界頂尖的折紙藝術家，一件作品可以賣幾萬美元，作品的複雜和精美程度甚至超過了一直以來在這一領域占統治地位的日本折紙家。

他是如何從一位物理學家變成一名折紙藝術家，把兒時的愛好最後變成自己的職業的呢？一方面的原因是，他從沒有捨棄過自己的愛好，一直在業餘時間探索折紙藝術；更重要的原因是，他發現，一件複雜的折紙作品需要借助數學的分析才能完成，所以他就把他的數學能力「嫁接」到了折紙這個領域。憑藉他強大的數學功底，歷經多年嘗試，他終於成為世界頂尖的折紙藝術家。

羅伯特・朗的故事給我們的啟示是，固然某一項能力有直接相關的任務類型與之對應，但與此同時，能力也是可以遷移的，它也可以在某些你尚未發現的領域有用武之地。當

你處在才能無法發揮的境地時，試著尋找施展你既有能力的其他可能性，為你的能力找到新的適用空間，這不失為尋找人生出口的一個方法。

▎特性改造

關於工作和愛好，我們可能早已形成了某些僵化的看法，比如工作是「要我做」，愛好是「我要做」，即工作是被動接受的苦差事，愛好就是圖個消遣娛樂。這種簡單的二分法把工作和愛好隔絕開來，容易造成我們生活的分裂，為何不換個角度看問題呢？工作是否也可以變得活潑、主動而享受，愛好是否能不單單是消遣，而也具有和工作一樣的嚴肅成分呢？這就是「特性改造」。

改造我們工作的特性並非是不可能的。管理學大師彼得・杜拉克認為，大多數的智力勞動者對自己的工作都有一定的掌控權和自由度，工作不完全是由組織分配和決定的，而是具有充分的彈性。當你認為你的工作枯燥無味時，你不妨考慮一下如何去「改造」你的工作，包括挑戰你的時間分配、優化你的工具、改善你與同事間的關係，以及影響上級的想法和思路。

舉個例子來說，假設你在一家公司做一名普通職員，而

你的個人愛好是畫畫，那麼你可以考慮在平時的工作中用畫畫來表達你的想法，不論是工作匯報還是會議時，你都可以流露出你的這些才能，引起同事和主管對你的重視和欣賞，甚至你可以在公司或者部門內推廣視覺思考的方法，使它成為更多人提升工作效率和溝通效果的工具。

而「改造」愛好最常見的方法，是把對一件事情的「消費型興趣」升級為「生產型興趣」。形成「生產型興趣」可以延長你的熱愛程度，也是你把熱愛變成事業的前提。有「遊戲禪師」美譽的著名遊戲設計師陳星漢，就是因為十四歲時玩《仙劍奇俠傳》玩到感動落淚，而立志成為一名優秀的遊戲設計師。

實際上，現今很多的遊戲從業者，年輕時都對遊戲很癡迷，但他們並不僅僅滿足於賞玩遊戲，甚至是希望能親自創造出遊戲作品。同樣的，如果你對文學非常感興趣，那麼不妨提起筆來，自己嘗試創作，借用著名小說家史蒂芬‧金的勸告就是：「開始寫吧，年輕人！」

如果你對電影感興趣，看過很多很多電影作品，那麼不妨寫幾篇影評，透過寫影評的過程來收穫對電影更深入的思考。當你把「消費型興趣」提升成為「生產型興趣」時，你才會漸漸發現以前沒有窺見的門徑，發現之前未見的妙處。

　　從以上三個思路中我們就可以看到，在看似非此即彼的兩個極端選擇之間，你還可以有很多的中間選擇，你可以大膽地重組你的時間，讓理想與現實兼顧且不衝突；你可以尋找兩個選擇之間的連接點，把能力嫁接過去；你也可以對它們做出創造性的改造，讓它們互相影響，使你的工作更像你的愛好，你的愛好更像你的事業。

　　總之，永遠不要放棄尋找「第三選擇」，因為最好的選擇往往來自在更高目標指引下的我們。

03

克服天性中的選擇弱勢
—— 選擇太多怎麼辦？

　　社會學家齊格蒙・鮑曼在《流動的時代》（*Liquid Times: Living in an Age of Uncertainty*）一書中寫道：「當代社會與過去不同的是，過去人們常常因選擇極其有限而痛苦，而現在人們常常因為選擇過多而痛苦。」在兩難困境之外，我們還要回答另一個常見的問題——選擇太多怎麼辦？我們該如何在眾多的選擇中找到一個最適合自己並確信這個選擇是正確的呢？其中一個基本方法就是「精細化（Elaborate）思考」，也就是利用適當的工具對各個選項從不同方面進行深入、細緻的分析，最後綜合分析結果得出答案。

　　一般人在做選擇時，很難做到精細化思考，這是人的天性使然。管理學和心理學大師詹姆斯・馬奇（James March）在名作《決策是如何產生的》（*A Primer on Decision Making: How Decisions Happen*）一書中寫道：「對現實世界中決策的研究表明，並不是所有的備選方案都是已知的，並不是所有

的結果都要考慮，並不是所有的偏好都在同一時間出現。」大多數時候，我們只是粗略地審查易得、顯然的選項，一旦找到合格的選項後，就停止對其他選項的探尋。

那麼我們該如何運用精細化思考來克服天性中的選擇弱勢呢？一個最常用的方法就是維度分析法：把選擇的目標分解為不同的維度，然後分別就不同的維度做出評估，在進行職業選擇時，這種方法非常適用。

可能有人會說了，我做決定的時候也會從不同的方向去考慮，為什麼要用維度分析法呢？維度分析法是一種可執行的過程，它的優點是把人們隱性的思維外顯化，雖然確實有少部分人本身思維就比較縝密，但要是掌握了好的方法，便如虎添翼，兩者並不矛盾。

就拿選擇工作為例，假設現在你拿到了 A、B、C、D 四個工作機會，粗略想想，每個機會都有其優缺點，一時難以選擇，該怎麼辦？

▌Step1：從源頭開始梳理

想一想你為什麼要工作以及你想透過工作得到什麼。這一步叫作「重新定義問題」，它把原本的問題「四個工作機會選哪個」重新定義為一個更根源性的問題——「我為什麼

要工作」。

▌ Step2：基於重新定義的問題找出所有可能的工作特徵

這些特徵應力求全面，同時又與問題相關，這一步就叫「因素窮舉」。在選擇工作時，我們通常會考慮「收入」、「發展機會」這樣的因素，但這樣的考慮並不全面，其他需要考慮的因素還有很多。

下面是職業諮詢專家金樹人老師在《生涯諮詢與輔導》一書中列出的「職業價值」，可以讓我們在考慮工作問題時更加全面：

1. 冒險：工作充滿挑戰，需要冒險。

2. 權威：在工作上運用自己的職位控制別人。

3. 競爭：工作中必須經常與人競爭。

4. 創造性與自我表達：在工作中經常能運用想像力，做自己想做的事，說自己想說的話。

5. 彈性時間：可以自行決定工作的時間。

6. 助人：能夠對別人遇到的困難提供直接的幫助。

7. 收入：工作能夠賺大錢。

8. 獨立：充分的自主權，決定要做什麼和怎樣做。

9. 影響他人：工作上能影響他人的意見或決定。

10. 智性刺激：工作本身需要相當程度的思考與推理。

11. 領導：在工作中能夠指導、管理、監督他人。

12. 戶外工作：工作的地點在戶外。

13. 說服：工作的性質是說服他人行事。

14. 勞動：工作需要用到許多體力勞動。

15. 聲望：工作能使自己在別人面前、在鄰里之中有地位、有尊嚴。

16. 公共關注：工作能使自己很快地得到別人的注意。

17. 公共接觸：工作需要經常與公眾接觸。

18. 認可：工作有利於自己變成公眾人物。

19. 研究：工作上能發現新的東西然後應用它。

20. 例行性：工作有著固定的流程，不必經常改變。

21. 季節性：只在每一年的固定時段才工作。

22. 旅行：工作需要經常旅行。

23. 變異性：工作的職責經常更改。

24. 照顧小孩：工作的對象是孩童。

25. 手部操作：工作中大部分需要用到手部的動作。

26. 機械操作：工作中大部分需要運用到機械等設備的操作。

27. 數學運算：工作中大部分需要運用到統計學或數學。

此外，我認為以下幾個方面也需要加以考慮：

1. 培訓指導：有優秀的導師或主管進行一對一指導或可參加有體系的培訓。

2. 工作強度：工作需要經常性地加班，工作節奏快。

3. 團隊氛圍：和諧、富有生產力的團隊氛圍。

4. 考評制度：有公正、透明、合理的績效考評制度。

5. 晉升空間：公司為員工提供合理的職業晉升通道。

6. 工作環境：公司為員工提供舒適、環保、健康的工作環境。

7. 食物：上班期間能獲得營養、健康、美味的食物。

8. 藝術性：工作內容與藝術審美相關，以順帶獲得審美愉悅。

▎ Step3：在羅列的因素中進行篩選

按其重要性進行權重賦值（-5 分到 5 分），我稱為「因素賦權」。在因素賦權中也可以打 0 分，因為存在這樣的可能性：某個因素是我完全不看重的，那就應該打 0 分。對於 0 分的因素，我們可以把它剔除出最後的評分表格。那麼負分是什麼意思呢？負分是指這個特徵因素賦權是我不想要

的，比如旅行這個因素，我是不愛出差的人，所以我就會把它打成負分，甚至 -5 分。

給工作特徵賦以權重和我們內心的標準有緊密關聯，甚至牽涉我在上一節所說的價值判斷問題，也就是什麼是「對我來說最重要的」。如果透過工作你最想得到的是「個人才能的充分發揮」，那麼你就會對「創造性與自我表達」、「獨立」、「智性刺激」、「培訓指導」等方面賦予比較高的權重；如果你想得到的是「個人影響力的充分擴展」，那麼你就會看重「權威」、「影響他人」、「領導」、「公共關注」、「認可」等方面。

▌ Step4：對各個因素進行評分

列出一個表格（見表 2-6），依次對 A、B、C、D 四個工作機會、職業價值的各個因素進行評分（0 到 5 分），然後將因素分和權重分逐一相乘就可得到每個待選項在各個因素上的加權分（例如：A 的加權分＝ A 的得分 × 權重），最後將所有因素的加權分相加，即可得到每個工作機會的總分，然後取得分最高者。

表 2-6 左邊兩列是我在上述 35 個因素中選出我自己比較關心的 30 個因素（權重均不等於 0）及其權重賦值，而 A、B、

C、D 的評分是虛擬的，僅用於示例。

表 2-6 四項工作特徵評分表

	權重	A 得分	A 加權	B 得分	B 加權	C 得分	C 加權	D 得分	D 加權
冒險	3	2	6	3	9	1	3	4	12
競爭	-3	2	-6	3	-9	4	-12	4	-12
創造性與自我表達	5	4	20	3	15	1	5	1	5
彈性時間	4	2	8	1	4	1	4	1	4
助人	1	1	1	1	1	1	1	2	2
收入	5	5	25	4	20	3	15	3	15
獨立	3	1	3	2	6	1	3	2	6
智性刺激	5	4	20	4	20	2	10	2	10
領導	3	1	3	2	6	3	9	3	9
戶外工作	-3	0	0	0	0	0	0	1	-3
說服	-3	2	-6	2	-6	2	-6	1	-3
聲望	2	2	4	1	2	1	2	0	0

公共關注	2	2	4	2	4	0	0	1	2
認可	1	3	3	4	4	2	2	3	3
研究	4	3	12	2	8	1	4	2	8
例行性	3	3	9	3	9	4	12	4	12
季節性	1	0	0	0	0	0	0	1	1
旅行	-5	1	-5	3	-15	2	-10	2	-10
變異性	-4	1	-4	0	0	2	-8	4	-16
手部操作	-2	1	-2	0	0	0	0	1	-2
機械操作	-3	0	0	0	0	0	0	1	-3
數字運算	2	2	4	2	4	1	2	0	0
培訓指導	4	3	12	2	8	4	16	4	16
工作強度	-3	4	-12	4	-12	4	-12	3	-9
團隊氛圍	4	4	16	5	20	3	12	3	12
考評制度	5	3	15	4	20	3	15	3	15
晉升空間	4	3	12	4	16	3	12	3	12

工作環境	4	4	16	4	16	5	20	3	12
食物	4	3	12	3	12	3	12	4	16
藝術性	2	3	6	3	6	2	4	2	4
總分	—	—	176	—	168	—	115	—	118

　　當然，維度分析法雖然有效，但並非適用於所有的選擇情境，尤其對於涉及情感、喜好等主觀意味特別強的情況或者複雜度過高、牽涉面過廣的情況不適用，此時，聆聽內心直覺的聲音很可能比理性分析更好。

　　這個時候也可以參照「經驗法則」（Rule of thumb），它是指由經驗形成且只考慮少數因素的簡單規則。比如在戀愛關係中，假如一個女孩子同時面對兩個男孩子的追求，兩個男孩子看起來都不錯，她該怎麼選擇呢？

　　這時候列出一個詳細的表格依次評分然後比較總分似乎就顯得比較滑稽了，倒不如依據我提出的戀愛經驗法則──「生理上有衝動，精神上受鼓舞，溝通上很流暢」做判斷，也許就能找到答案。

04

人生是持續而反覆的構造

—— 修正選擇，做出建設性的改變

一次選擇到底有多重要？這是個難以回答的問題。

一個選擇當然可能改變一個人的一生，但多年以後，一個新的選擇也可能顛覆原先那個關鍵的選擇，使人生走向一個新的方向或者重新駛回曾經的軌道。如果這樣看的話，選擇是可以被修正、被重塑的。

單次選擇的重要性也許被我們高估了，但這也並不意味著被修正的選擇是毫無意義的。如果我們從整個人生的角度來看，人生就是一個不斷選擇再選擇的過程，在這個過程中，會發生某些我們期待或者並不期待的改變，但不論如何選擇，某些深刻的經歷和體驗會被永久地保留下來，成為我們人生中無法改變的印痕。

不要因為預設規則而放棄個人追求

珍妮・蘇克（Jeannie Suk）在許多人眼裡是一個傳奇。她是韓裔美國人，六歲時隨父母移民美國，從小喜歡音樂、舞蹈和文學，小學時除接受常規教育外，還進入美國頂尖的芭蕾舞學校接受訓練，一直到十五歲因父母怕耽誤學業而被迫終止舞蹈訓練，蘇克成為芭蕾舞演員的夢想就此破滅。

大學時她就讀於耶魯大學，在此期間進一步發展了對文學的興趣，畢業時蘇克拿到馬歇爾獎學金，並赴牛津大學研究法國文學，獲得文學博士學位。不過文學研究的經歷讓她覺得自己並不適合這個領域，轉而對法學產生興趣，於是進入哈佛大學法學院，獲法學博士學位。畢業後她曾擔任過兩位美國最高法院大法官的助理，之後回到哈佛法學院成為助理教授。2010 年，三十七歲的蘇克成為哈佛法學院首位獲得終身教職的亞裔女性。

《我想看到的世界：哈佛教授送給年輕人的禮物》（*A Light Inside: An Odyssey of Art, Life, and Law*）就是她回憶自己成長經歷的自傳。從芭蕾舞潛力新星到文學博士再到法學博士、哈佛教授，蘇克的人生經歷了幾次重大的轉折。尤其是當她獲得牛津大學的文學博士學位，幾乎所有人都認為她會

走上文學研究的學術生涯時，她竟毅然轉向，投向一個完全陌生的領域。

　　之所以如此，起源於她拿到文學博士學位之後的反思，她意識到，她雖然從小就喜歡閱讀和欣賞文學作品，並在文學中獲得了充分的滿足和享受，但是對文學作品進行分析的寫作方式卻不是她所擅長的。

　　她覺得這種寫作過於抽象且與現實生活脫節，而她更想從事的是能夠將文字和現實世界結合起來、能對現實社會產生實際影響的工作，於是在一位韓裔法學家高洪柱的影響下，她決定投身法學。

　　哈佛法學院沒有讓她失望，她對那裡的一切感到興奮和癡迷，感受到了「無與倫比的興奮和快樂」，如同童年時學習芭蕾舞時的感受，而這種感覺正是她找到了自己所愛的標誌。後面十多年法學領域的學習與研究生涯進一步證明，法學正是她可以熱愛一生的事業，於是她在書中反覆鼓勵年輕人「去發現和追求自己所熱愛的東西」，而不是追尋「某種預設期待的軌跡」。

　　源於對自我的審視和對夢想的執著追求，蘇克勇敢地掉轉航向，改變了自己的學術生涯，為自己的人生重新做出了選擇。我們不妨設想一下，如果你是當年那個剛從牛津畢業

的文學博士，你會放棄已經擁有的成績，投入一個陌生的領域重新開始嗎？大多數人的選擇恐怕是「不會」。

我接觸過的博士生，他們對自己未來的打算大抵是畢業後在本科系謀得一份高中的教職，區別只在於能否去一所好一點的學校，這些人中可能已有不少人對自己專業的興趣已經漸漸減弱，甚至苦苦掙扎。但是對博士來說，由於已經在本科系投入太多，他們面臨的自由選擇餘地已然很小，若說讓他們重新來過，簡直像是天方夜譚。

這種現實的選擇困境，可以用決策心理學中的「規則遵循理論」來解釋。這個理論認為，人們在做出一個決定時，往往是基於自己的身分，並依循自己身分所應遵守的規則來進行判斷，這種做法使個體的行為與周圍的社會情境可以更好地適應，所以稱為「適當性邏輯」。

一個博士生在做出未來的職業選擇時，他們首先想到的是延續自己的專業研究，這是最符合他們身分的一個選擇；又如一個團隊的領導者更喜歡做出一些「雷厲風行」或者「不留情面」的決定，因為他會認為這是他作為一個領導者所應該表現出的一面。又比如，今天的在校大學生，可能會對創業投入更多的熱情、賦予更高的期望，儘管很多人其實並沒有做好開始一段創業的準備，只因為當下社會不少輿論在塑

造「大學生是正逢其時的創業者」的形象。

在東方文化下，「身分」更多是作為社會和外部期望加之於個人身上的，而不是個人自由探索的結果，於是它就成了我們頭腦中的一個框框，限定、阻礙了我們的思考。

我們可能會經常去想「我們應該做什麼」，而不是「我們想要做什麼」；經常會想「我們只能做什麼」，而不是「我們擅長做什麼」；會想「我現在是誰，已經是誰」，而不是「我未來是誰，我還能是誰」……雖然我們在做選擇，但好像又覺得我們只是在做一些註定要做的事罷了。

重新選擇，並不用全部推倒重來

按照發展心理學家的觀點來看，我們的人生是由我們自己建構起來的，在建構過程中，我們會像一個科學家一樣，一開始對「自我」提出某種假設，然後基於這個假設做出某種選擇，選擇之後我們又為這個選擇投注心血，隨後我們可能會發現這個選擇是正確的，也可能發現事情並非像我們預想的那樣發展，於是我們就會校正原先的假設，重新做出選擇。這個校正假設、重新選擇的過程被稱為「建設性改變」，透過一次又一次的建設性改變，搭建起我們獨特的人生。

　　所以「自我」並不是制式的，它雖然有穩定的成分，但也可以不斷地拓展，在未來發展出很多新的特性，「現在的我」不過是無數個「可能的我」中的一個樣本。所以我們大可以去接受這樣一個事實：有時候我們會選錯，甚至為這個錯誤付出太多，但是沒有關係，我們仍然可以重新做出選擇，因為這才是人生的常態。

　　重新做出選擇並不一定意味著全部推倒重來，曾經的想法、選擇、努力一定會在我們的人生中留下深刻的印記。我們沒有必要去抹殺這種印記，而是應該在過去、現在和未來之間建立某種關聯，不是把「過去的我」全部拋開，而是讓它在修剪之後重新生出新枝。

　　比如在蘇克的人生經歷中，雖然她做出了非常大的人生改變，但這種改變並沒有讓她的「自我」斷裂，而是保持延續和發展，比如她對芭蕾舞的熱愛就不曾停止。當她被父母強行停止學習芭蕾舞時感到痛苦萬分，無法安心上課，常以讀詩度日，書包裡一直放著一本葉慈詩集，這促使她後來在耶魯和牛津研讀文學。在成為哈佛教授後，她經常觀賞芭蕾舞演出，看得熱淚盈眶，她還在哈佛法學院開創性地開設了一門課程叫表演藝術和法律，邀請她喜歡的一位芭蕾舞明星共同執教這門課程。

又如她發現「寫作」這件事讓她串聯了文學和法學。當她放棄文學研究生涯而轉投法學時，她發現她之前的文學素養和文學研究的累積對她的法學研究大有裨益。她說自己以前對文學的熱愛為學習法學做了很好的準備工作，讓她「能夠欣賞並享受法律複雜的文本和形式，以及法律語言的形式性和強制性」，對文學的長期學習使她「精通於閱讀和詮釋文本」。

蘇克的故事是由兩個主題交錯纏繞的，一個主題是轉折和變化，另一個主題是繼承和堅持。一方面她做出了常人難以想像的人生跳躍，另一方面她的內心又長久堅持了一些重要的東西，而且這兩者在她心中並不衝突，它們交疊在一起，反而使得她的形象更加豐滿和真實。

如果借用職業生涯規劃中的理論，我們可以說，蘇克人生經歷的突然轉折（中斷芭蕾舞學習、從文學轉向法學）是一種「外職業生涯」的變化，而她對芭蕾舞持續至今的熱愛、在文學素養上的長期累積可稱為她「內職業生涯」的繼承。

內職業生涯是指一個人內在的興趣、秉賦、動機和能力，一般來說它是連續發展且綿延在人的一生之中的。而外職業生涯包括人的職位、社會角色等，往往會受外部機遇、生存境遇和其他環境因素影響，所以更容易發生變化和轉折。

　　人的許多選擇往往是在外職業生涯層面發生的，當我們準備做出這類選擇時，可能會因為害怕選錯而患得患失，卻沒有意識到，不管你做了哪個選擇，你的某些東西永遠不會改變，而最終帶著你走向目的地的，可能並不是某一個選擇，而是那些你不會改變的東西。

　　人生就是反覆持續的構造，它既是不斷延續的，也是不斷變化的，就像一個故事，有衝突、有轉折、有高潮，也有預埋在暗處的種種伏筆，在某一個時間點發揮奇效。所以，當我們再次面對一項重大的人生選擇時，不妨先試著為自己設計一個有關「人生」的故事，就像蘇克的故事一樣，你必須得清楚知道在這個故事裡你是如何成長、變化和堅持的，然後你才可以做出一個良好面對未來的選擇。

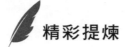 精彩提煉

- 所謂選擇，就是要權衡好本末輕重，清楚自己人生中到底想要什麼、追求什麼。

- 為自己設定更高的目標，就會發現更多更好的選項，做出更加完美的決定。

- 過去的經歷、習慣和思維慣性，常在我們思考時自動植入「隱含假設」，讓我們意識不到更多的「可能選項」。

- 如果有太多的可能選項，應該把選擇目標分解為不同的維度，然後對可能選項從不同的維度做出評估。

- 在做涉及情感、喜好等主觀性特別強的選擇時，最好的方法是聆聽內心的聲音。

- 不管你做了哪個選擇，你的某些東西永遠不會改變，最終帶著你走向目的地的，可能並不是某一個選擇，而是那些你不會改變的東西。

實踐練習

1. 你最近面臨的一個選擇困境是什麼？請列出其中的可選項。

2. 檢查上面的選項是否包含著一些隱含假設（可參考 72 頁至 74 頁提出的四種典型隱含假設），思考一下這種假設是否存在不合理。

3. 去除掉不合理的隱含假設之後，你還可以列出哪些選項？

4. 你做出的這個選擇對你來說最重要的意義是什麼？如果不太確定，你可以先回想一下與之相關的人生經驗，其中最讓你感到有意義的一次是什麼？為什麼？

5. 列出所有影響這個選擇的內部因素和外部因素（包括第五題中的答案），並根據它們的重要程度賦以不同的數值（即權重，- 5 分到 5 分）。

影響因素	權重
1.	
2.	
3.	
4.	
5.	

6. 請計算出不同的選擇在不同影響因素中的得分，然後將因素分和權重分逐一相乘就可得到每個待選項在各個因素上的加權分，最後求和算出總分（如果有更多的影響因素、選擇，可以增加表格的內容）。

影響因素	權重	A 得分	A 加權	B 得分	B 加權	C 得分	C 加權
總分	—	—		—		—	

7.　根據以上計算結果,總分最高的選擇項其權重最大的
　　內部因素及外部因素的加權分是否很低甚至為負值,
　　如果出現這種情況,建議再慎重考慮。

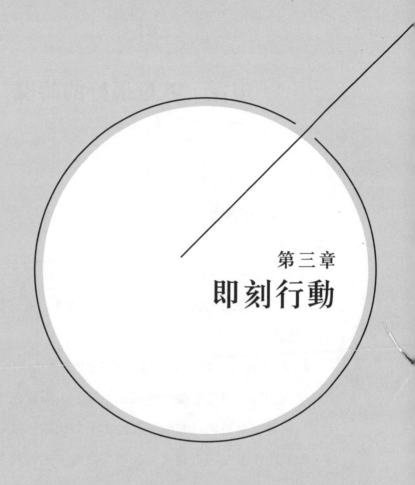

第三章
即刻行動

開始並完成一件事情，比做好它更重要。
因為只要開始了，你就有機會把它做得更好。

01

「現在」就是最好的時機
—不管怎樣，只要開始就好

一件看起來繁難的事，只要開始做了，就會變得越來越容易。

美國作家安妮·萊莫特（Anne Lamott）在寫小說之餘也教別人寫作，在每一屆寫作課上，他都會講一個影響他一生的童年故事。

很多年前的一天，拉莫特十歲的哥哥正為第二天交不出作業而苦惱。這是一篇有關鳥類的報告，需要在三個月內完成，可是直到截止日的前一天他都不知道該怎樣動筆。這時，他們的作家父親走過來坐在哥哥身旁，對他說：「一隻鳥接著一隻鳥，只要一隻鳥接著一隻鳥，按部就班地寫就可以了。」父親的建議並不是簡單的安慰，而是基於幾十年寫作生涯的經驗之談。

寫作有靈丹妙藥嗎？沒有。

解決「寫不出來」的最好辦法就是「寫」這個動作本身。

　　放棄掙扎，直接開始寫。哪怕就寫一個字、一個詞或者一個句子，哪怕寫得很糟糕、看似胡言亂語都沒有關係。因為只要有了第一步，就會有第二步、第三步……至於寫得好不好這事可以另說，因為不管寫得多差，你寫了以後還能改嘛，改一點就會好一點。

　　那麼，寫作是這樣，其他的事情又何嘗不是這樣呢？除非行動開始，問題並不會自行解決。擔憂、恐懼和僥倖只是拖延行動的路障，要知道，為不做某事找一個像樣的藉口實在是太容易了，可我們不能總是找洞口躲起來啊。縱使一件事情真的難上加難，你就邁出一步試試，又有何難？

　　且不說難的事，就算是一些可以快速解決的小事，我們也會搬出種種藉口去拖延。以前我總要拖好幾天才會去大樓櫃檯拿包裹，要麼因為健忘，要麼感覺這種小事情不用專門跑一趟，只要順路的時候拿一下就好了；要麼因為記得拿且願意拿的時候碰巧櫃檯人員又下班了。就這樣一件包裹常拖了好幾天、一個星期都還沒領，有時候網購次數多，就越發覺得麻煩了。

　　有一天我覺得不能再這樣下去了，突然下了決心：既然這件事煩到我了，不如就儘快把它解決掉吧。此後只要一看到包裹送達的訊息，我二話不說就馬上跑去領。雖然與順路

拿包裹相比我多花了一點時間，多耗費了一些體力，但我再也不用常去惦記，它們在我的工作記憶裡保存了幾分鐘就被澈底清空，別提有多爽。

現在我已經習慣把所有的包裹第一時間取回，這個習慣又像長了觸角一樣慢慢延伸到其他事務上，比如買東西。不論什麼時候，只要想到了要買什麼，又確定是必需品，就立刻行動，要麼去附近的便利商店，要麼在手機上打開 App。

以前我必定要列個清單，寫在紙條上，可這樣又會拖上幾天，甚至拖到我都遺忘了這張紙條的存在。做家事也是，洗碗用不到五分鐘，但是洗碗前各種想方設法逃避、拖延所帶來的心理成本比洗碗更累，如果家人之間再互相推脫，引發不和諧就更得不償失了。既然如此，第一時間自動自發地去洗碗就成了最佳的策略。

如果總能想到一件事就完成一件，那麼我們同時應對的事情就少了，也就不用多花心思去「管理」這些事情。而待辦事項一多，管理的複雜程度就會變高，相對地，記憶負擔、情緒負擔和人際負擔也會顯著加重，這些心理成本雖然是隱性的，卻影響著我們的生活品質。隨著事情越積越多，我們慢慢會覺得無法承受，情緒上的各種問題首先會爆發，然後與身旁人的關係也會變差，於是生活開始失控。

與求職、買房等人生大事相比，小事情造成的心理負擔可一點都不輕，但搞定後者則顯然容易很多（表 3-1）。

表 3-1　事項的完成程度與心理成本比較

	完成難度與完成時間	記掛、煩心等心理成本
拿包裹、洗碗等瑣碎小事	小	大
求職、買房等重大事項	大	大

我們可以把一個人的心理成本比喻成一個可以張開和縮小的彈性薄膜，這個薄膜會被各種事情撐開。從圖 3-1 可以看到，各種小事的堆積可以把人的心理成本撐得很大，而當這些小事被消除後，人就可以輕鬆多了。

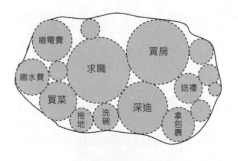
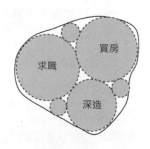

小事堆積後的心理成本　　　　　　小事消除後的心理成本

圖 3-1　小事堆積的心理成本比較

先把必須要做的小事處理掉，是我們保持積極和從容心態的一劑良方。

當然，也不是說所有的事情都應該即刻行動。有些事情牽涉的各個方面比較多，要迅速解決本就不太可能，那當然需要從長計議。

從長計議的第一步一般是做計畫，做計畫雖然主要是頭腦中的構思，但也是一種行動，而且構思也應講求即時性，盡可能地立即開始行動，甚至可以跟其他的事情同步進行。比如你在洗碗、拖地的時候，腦子裡同時思考一些重要事情的計畫，就是一舉兩得了。按照思維研究者劉未鵬的話說，是利用了「暗時間」，所以對於複雜的事情，即便表面上沒有立即行動，你也可以儘早地預做準備。

有人可能會說，做事情，時機很重要，所謂天時、地利、人和，等到最佳的時機出現，才能事半功倍。這麼說當然有道理，但問題是，你可以容許自己等多久來等一個好時機出現呢？

要知道，所有的等待都是有成本的。當有一個好時機出現時，你真的有能力識別出它嗎？即便你能識別出，你是否做好了準備並抓住它呢？既然這些問題的答案有可能都是不明確的，那麼就不要把希望寄託在虛無縹緲的「時機」上。

對於大多數人、大多數事，「現在」就是最好的時機。

與其等待，不如現在就開始。

正如知乎網友 Caun Derre 在回答「30 歲才開始學習程式設計有辦法學好嗎？」這個問題時所說的一句話：「**種一棵樹最好的時間是十年前，其次是現在。**」

所以，即刻行動應該是我們最重要的一條行動法則。

02

精實創業的行動啟示
——把「未完成」變成「已完成」

「精實創業」（Lean Startup）是網路創業相當流行的方法之一。「精實創業」中，有個關鍵概念叫「最簡可行產品」（Minimum viable product, MVP），指的是可以使用最少資源、被最快製作出來、可執行基本功能、能被使用者使用的試驗性產品，創業者應該儘快把最簡可行產品發布出去，然後根據使用者的使用回饋來進行改良，這一過程稱為「開發—評估—學習」（Build-Measure-Learn）的循環。

如果不建造最簡可行產品來做試驗，就無法在現實中被測量，更無法基於回饋來學習，而只能是游離在市場之外，閉門造車，最後很可能一步步偏離航向，直至走進不可逆的失敗深淵。

精實創業的價值在於，在這個動態演進的市場裡，找到一種可操作、適應市場的方式。傳統產品的生產流程是在周密、系統的規劃後，一步一步完成專案的各個組成部分，最

後建造出一個精緻的成品。可是在市場環境下，存在太多或隱或顯的不確定因素，作為創業者，你如何成功地識別和觀測這些因素，統合理解它們之間的相互關係，然後制訂出一個正確的計畫呢？即便你的計畫在此刻完美無缺，又怎能保證過了一段時間之後它仍舊適應新形勢的變化呢？而精實創業的思想，則是拋棄這種冗長呆板的計畫，用反覆試驗和獲取回饋的方法來探明環境，透過疊代優化，最終進化出一個最好的產品。

一個人的「最簡可行產品」是什麼？

　　某種程度上，人生就如同創業一樣。在人生的航線上，我們也面臨著不可預知、無法確定的未來，雖然我們可以對未來訂立高遠的目標，制訂完美的計畫，施加種種美好的遐想，但這些事前的勾畫卻總被猝不及防的現實打亂。更糟糕的情形是，在漫長的籌劃、準備、醞釀之後，遇到無法預料的困難而中途放棄。如果借鑒精實創業的方法，我們就可以大幅度地避免這種遺憾。

　　那麼，對一個個體來講，他的最簡可行產品是什麼呢？回答這個問題就要搞清楚「產品」這個概念的內涵：

1.「產品」不是過程，而是結果。

2.「產品」不是使用原料、素材來簡單堆疊，而是整合和組織它們的結構性。

3.「產品」不是創造者鎖在自己保險箱裡的東西，而要能被其他人使用和檢驗。

4.「產品」能獨立對世界產生影響，它應該能創造出正向的價值，使人受益。

5.「產品」也是一種媒介。

按照這個框架去理解個體的產品是什麼，就不難了。比如在某家公司的實習經歷不是產品，但基於實習經歷寫成的總結報告可以視為產品；閱讀一本書的經歷不是產品，但是對這本書深入、透澈分析的文章可以視為產品；擁有繪畫的技能不是產品，但是使用這項技能創造的繪畫作品可以視為產品。

可能有人會覺得，這些東西都太「小」、太簡單了，不能當作產品。確實，它們並不是什麼複雜的產品，可把它們當作個人的「最簡可行產品」是沒有什麼疑問的。這些小產品可以作為你才華展示的載體，讓你的才能搭載著這些載體傳播出去，供其他人品評，並獲得回饋，然後你可以繼續做出更完整、更優秀的產品。比如，從一篇短文到一篇長文，

從一篇長文到一本書；從單幅的漫畫到多格漫畫，再從多格漫畫到長篇漫畫連載。如此一來，你的才能、聲譽、影響力和成就感都會慢慢培育出來。

　　我們離「精實創業」並不遙遠，一旦你明白它的益處和價值，你就應該馬上行動了！（好吧，現在就可以把書闔上）如果你還在猶豫遲疑，那多半是還有一些心理層面的因素阻礙了你。

我們永遠無法完全準備好

　　我們很多人缺少「往前一步」的自覺，也就是把「未完成」的做事習慣往前一步，變成「已完成」的做事習慣。

　　傳統的教育體制中隱含著「未完成」的思想慣性，在老師們看來，傳授給學生知識、理論、技能是讓學生為今後做事「做好準備」，而不是「現在就做事」。所以一個人從小學到高中又到大學、博士，花了十多年、二十多年的時間，都不過是在「做準備」，在學習、練習，在完成習作，卻不是創造出「產品」。

　　由於我們一直在「做準備」，所以我們一直都沒有「完成」過什麼東西，可精實創業的思想是說，你並不需要完全

準備好再上場，你可以邊上場邊準備或者先上場再適應，雖然一開始可能會摔得鼻青臉腫，但進步反而會更快。

「先做好準備再上場」這個觀念有一個致命問題是：我們永遠都無法做好「完全」的準備。總有我們還未顧及的問題，總有我們能力上的缺點，總有我們未搜羅完全的資訊，但是因為這樣，我們就要一直準備下去嗎？當然不是。

你只有先把東西做出來，把事情完成，經歷一個完整的過程，你才會知道，哦，原來是這個樣子；你才會知道，哦，原來別人的看法跟我不一樣呢。如此循環，你的思路才會更加清晰銳利，你的能力才會得到真實的核對、總和、打磨。

著名管理學家明茲伯格在研究企業戰略時曾提出過一個「匠構戰略」的觀點，他認為企業意圖預先制定完美戰略然後嚴格遵照執行的想法是很不現實的，企業更應該一邊行動一邊形成和修正戰略。這就像一個制陶工匠所做的，在陶器的製作過程中，每一個瞬間，陶器的坯子都在變化著，這時工匠需要敏銳地覺察到它是怎麼變化的，然後適時調整策略和構思，明茲伯格認為，這才是形成企業戰略的正確方法。

矽谷著名風險投資家彼得‧泰爾幾年前創立了一個名為「20 under 20」的資助項目，每年為二十位二十歲以下輟學創業的大學生提供平均每人十萬美元的創業經費。顯然從正

統的教育觀點來看，這些創業者都是「沒有準備好」的，前哈佛大學校長勞倫斯・薩默斯（Larry Summers）甚至稱它為「這十年中導向最錯誤的慈善事業」，可那又如何呢？至少這個項目鼓舞了很多富有創造力的天才學生，也許未來許多偉大的創新就會從這些年輕人中誕生。

把批評當成一種資訊對待

在精實創業中，拿出最初的最簡可行產品還遠遠不夠，這只是開始，之後的進程就是不斷地獲取回饋，並在回饋中進行優化，而如何處理外界的回饋也是一門藝術。

大致來說，可以把外界回饋分為三種：正面肯定、批評或否定，以及提出新角度。每一種回饋都有特定的價值，正面回饋能讓我們猶豫不決的心態更篤定一些，增強我們的自信；批評或否定會促使我們反思，糾正之前的錯誤想法；而回饋中提出的新角度則會讓我們意識到，原來對這個問題來說，還有其他未曾考慮到的面向，這便會使我們的想法更加周全、完備。

英國作家洛根・史密斯（Logan Pearsall Smith）說：「這個宇宙上有一件古怪的事情是，雖然我們意見不一，我們卻

總是正確的。」每個人都會覺得自己的想法是對的，而對別人的否定意見產生本能的抗拒。不喜歡聽批評恐怕是人的一種天性，因此對於那些能克服這種天性，理性和虛心接受批評的人，我總是心懷敬意。

扭扭捏捏、遲遲不願把自己的「產品」拿出來的人，就是受到這種抗拒心理的影響。他們害怕相反的意見，害怕批評的聲音把自己貶得一無是處，害怕因為自己的弱點被暴露而遭到非議和嘲笑，這種自我防衛未必能讓自己真的免於傷害，卻阻擋了進一步前行的可能。

如果換種角度，拋開我們的情緒感受不談，甚至不論批評者的動機，你會發現批評本身（很可能）包含了有價值的資訊，所以我們不妨把批評理解為一種有意或無意的幫助。

法國作家莫里哀說：「我們越是愛自己的朋友，就越會批評他們。」對待批評的合理態度是把批評作為「資訊」而不是「評價」來看待。也就是說，我可以不把批評當作對我個人的評價，而是看作某種異質性的新資訊，因而也不必去排斥。初生的產品一定是不完美的，總有或大或小、或明或暗的諸種問題，而從外界的批評中採擷不同角度的資訊，能加快它趨於完美的步伐。

那麼怎樣更好地接收批評中的資訊呢，以我的經驗來

看，掌握「轉譯」的技巧是關鍵。什麼是「轉譯」？請看下面的例子：

批評示例一：
　「我覺得你這篇文章寫得還不錯，但是我覺得還沒看過癮，好像沒有寫完似的。」

批評示例二：
　「你剛才講的這個 PPT 啊，後半部分我覺得不錯，但是前半部分有點讓人昏昏欲睡，最好修改一下。」

我們來分析這兩句話。這兩句話都屬於批評，算是指出了問題，但是這個問題到底是什麼問題，批評的人沒有說得特別清楚。不知道你有沒有發現，在現實生活中，大多數人評價一個東西大多只談自己的「感覺」，比如「不過癮」啊，「昏昏欲睡」啊，就感覺來講，必然不會是精確而深入的描述。還有一個問題是，大多數人並不具備準確表達自己想法的能力，他的想法也好，感受也好，當用語言表達出來的時候是打折扣的，資訊是會減損和失真的，所以才需要轉譯。也就是說，批評的接收者要從批評者的言論背後去找那個更準確、更深入的觀點，要透過自己的分析和判斷，才可能理

解批評者真正想表達的意思。

就拿示例一來說，文章「好像沒有寫完似的」是有多種可能性的，有可能是這篇文章只討論了某一個現象但是沒有給出解決辦法，或者只討論了一件事情的發生經過卻沒有給出最終的結果。那麼你就要去判斷，自己的這篇文章到底是哪一個原因而給讀者這種感覺。

拿示例二來說，講 PPT 前半部分不吸引人，是因為不必要的背景資訊鋪墊太多呢，還是沒有講一個有吸引力的故事來引導觀眾進入狀態呢，這些都需要進一步的分析和判斷。

所以，當我們看到別人給我們的批評，不是簡單地去拒絕或者接受，而是要很細緻地去加工和提取裡面的資訊，需要主動靈活地運用批判性思維來應對。

一定要注意，「接收」不等於「接受」，他人的觀點當然要經過慎重的審視方可採納。即便有些人的批評意見不正確，但思考和辨析它們的過程本身對我們也是有益的。

必須明確地知道，本能地抗拒批評和經過深思熟慮之後再駁回批評是兩回事，後者往往源自更成熟的心智和更堅定的信念。成熟心智的一個特點就是，不偏不倚、公正地對待自己的和其他人的意見，既不故步自封，也不附和盲從。

法國思想家狄德羅（Denis Diderot）說：「真理喜歡批評，

因為經過批評，真理就會取勝；謬誤害怕批評，因為經過批評，謬誤就要失敗。」

　　我想，一個坦率追求真理的人，必定也是一個對批評抱有開放且審慎態度的人。

對產品不斷修正

　　精實創業的最後一個關鍵，是勇於自我修正。人們總是對自己的作品敝帚自珍，就像對待自己的孩子一樣。可要想走向成功，就必須克服對它們的溺愛，不斷地加以打磨。每一次「版本」的疊代更替，都可視為一種重新審視，要麼是啟用了新的框架或視角去看待，要麼是發現或增添了某些重要的細節，要麼是把某一部分要素進行了重組或重構。

　　「產品疊代」唯有賦予了推倒重來的勇氣，才可能獲得實質性的改進，而要做到這點遠比多數人想像的要難。因為人啊，總是留戀自己已有的付出而不肯放手，而不去管那些過去的努力對未來是否還有價值，這種心態可稱為「沉沒成本謬誤」。

　　管理學大師彼得・杜拉克說：「最悲哀的，莫過於用最高效的方式去做錯誤的事情。」一個善於聽取批評的人，有

機會發現自己的錯誤，但是如果他沒有斷然捨棄過去那些錯誤付出的勇氣，他便會把這些錯誤繼續錯下去，去賭一個微小的成功機會，後果可想而知。

所以，以精實創業的方式去走向人生的成功，便要做到這三點：

1. 克服「過度準備」的慣性，向前一步，把未完成的事情完成。

2. 克服「自我防衛」的心態，樂於接受負面意見並慎重地審視。

3. 克服「沉沒成本」的固執，有勇氣否定並重新構造自己的產品。

03

像 Photoshop 一樣分解任務
—— 從工作的核心區開始

「多執行緒工作」是一個很多人關注的問題，但是「多執行緒」（Multi-thread）這個術語是從電腦領域借用來的，當應用於日常生活中時，容易引起概念上的一些混亂，所以我想整理一下「多執行緒」的概念。

從認知心理學的觀點來看，嚴格來講實現人的「多執行緒工作」是不可能的。因為在任何瞬間，人只能有一個「注意焦點」，這個注意焦點牽引了人的認知加工資源。有時你誤以為同時關注了兩個東西，其實是發生了注意轉移的結果，即焦點從一個物件轉移到另一個物件上，實際上還是一個串列而非並行的過程。

當然有一種例外是，有些很熟練的技能，可以自動化地、不需多加關注地進行，那麼就可以和其他事情同時做。比如一邊騎自行車一邊哼著歌，一邊刷牙一邊聽英語，騎車和刷牙都是駕輕就熟的技能，因而不需要占用多少認知資源，除

非有突發狀況發生，比如路邊突然躍出一隻貓，或者某顆牙齒突然痠痛了起來，你的注意焦點便可能會立即轉移。

而很多人關心的「多執行緒」並非這種秒級、毫秒級的「多執行緒」，而是指在一個「時期」內，同時擔負幾種不同的工作，完成不同的任務，這就是另一種意義上，不同任務之間需要切換的「多執行緒」。

「核心思考區間」的工作不可中斷

「任務轉換」（Task switching）也可以算認知心理學中的一個經典課題了。心理學家早就發現，當從任務 A 轉換到任務 B 後，執行任務 B 的績效明顯比非任務轉換條件下執行 B 的績效差，這個差異稱為「轉換損耗」（Switching cost）。轉換損耗形成的主要原因有兩種，一是任務 A 留下的認知慣性，也就是之前已經習慣了任 A 的認知情境、反應方式，這個慣性會對完成任務 B 造成干擾；二是做 B 的時候需要對 B 進行認知重構，重新回憶起 B 的相關背景和資訊，這個重構也需要時間，而且可能不完整。

可現實就是這樣，雖然不論從心理學還是從我們的生活經驗來看，這種需要任務切換的「多執行緒」感覺很糟，效

率很低，但我們往往沒有選擇：一個任務做到一半被打斷，然後去做另一個任務，然後又被打斷，又去做另一個……這裡有個至關重要的事實是：如果你是在非常投入和忘我的思考時被打斷，那麼你的「損失」和懊惱就會非常大；相反，如果你只是在抄寫一篇文章這種不用動腦的事情，那麼即便是頻繁中斷也不會對你造成太大的影響。所以，如果我們能選擇好合適的中斷點，其實中斷並不可怕，切換的損失也可以降到最低，如果說多工工作有什麼技巧的話，那麼就是「**對中斷點進行控制和管理的技巧**」。

這個技巧的前提是，我們需要對要完成的任務進行有效的剖析，區分出「容忍中斷」的部分和「無法容忍中斷」的部分，然後用可保證的相對完整時間去進行那些「無法容忍中斷」的部分。為此我提出了一般任務分解的「三明治模型」（圖 3-2）：

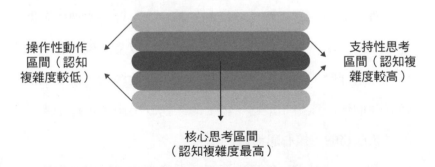

操作性動作區間（認知複雜度較低）

支持性思考區間（認知複雜度較高）

核心思考區間（認知複雜度最高）

圖 3-2　任務分解的三明治模型

　　想像這是一個鮪魚三明治，中心部分是鮪魚肉泥，吃下這個部分的努力我稱為「核心思考區間」。事實上大多數任務都有一個至關重要、通常也是最棘手的部分，這個部分需要我們集中精力、非常專注地進行思考，然後將其破解。一旦這個部分被我們「吃下」，那麼這個任務就已經完成了大半，餘下的就是一些支援性、補充性的工作了，即「支持性思考區間」和「操作性動作區間」。

　　我自己工作中有一個習慣，就是拿到一個任務後，務必先找到這個任務的核心思考區間，找到那塊硬骨頭，盡全力去啃下來，而不是先去做那些周邊的工作。舉個簡單的例子，現在主管讓你做一個 PPT，你第一步準備做什麼？

　　是先挑一個漂亮的主題範本嗎？不是。

　　是馬上去 Google 查資料嗎？也不是。

　　正確的答案是：設計 PPT 的架構。

　　你要分析你的受眾，他們的知識水準、理解水準以及興趣點、關注點，在此基礎上設計你的內容以及展現內容的順序，先講什麼，占比多少，再講什麼，占比多少，以及講的時候採取什麼風格與策略，PPT 的架構就出來了，這個過程就是該任務的「核心思考區間」。

　　在這個過程中，你只需思考，非常專注地思考，你需要

的工具僅僅是一張紙和一支筆（你需要把你的靈感快速地記下來）。等你完成了這個過程，你可以選擇繼續填充具體的內容（支援性思考區間），也可以暫停一下去做別的工作。之後，等你再為這個 PPT 選擇範本、尋找配圖或者調整字體的時候（操作性動作區間），你並不會過於介意被打斷，因為你知道，在某種意義上，這個任務你已經完成了。

不瞞你說，為了寫這一節，我用了半個小時的時間、一張 A4 紙和一支筆，讓自己進入純粹、專注的思考狀態，來設計它的「架構」。設計完成後，我吃了一頓晚飯，看了一集美劇，這個寫作的中斷並沒有讓我擔心，因為我知道，儘管我還沒有在電腦上敲入一個字，但這部分其實我已經寫完了，這就是多執行緒工作的祕訣。很多時候，你只是需要一個專注不受干擾、能純粹跳脫出來思考、能達至「心流」狀態、能把最關鍵的「主要核心」搞定的半小時。

對不同認知類型的工作分層處理

這個方法背後暗含一個邏輯：當我們不得不對一個任務進行分段處理時，我們不需要機械地按照任務的一般順序來切分（今天上午九點至十點寫完文章的第一節，明天下午一

點至三點寫完文章第二節），而是按照這個任務所涉及的認知複雜度和認知類型來切分。上面的例子，就是對涉及不同認知複雜度的部分進行區別處理、分段操作。

那麼如何理解按認知類型來劃分呢？

認知類型指的是我們頭腦加工訊息所使用的不同方式，比如我們處理語言文字時是一種類型，處理視覺圖片時是一種類型，進行數值計算時是一種類型，判斷空間和位置時又是一種類型。當不同認知類型進行切換時，人需要重新進行調整，這樣任務的轉換損耗會比較大。比如在本書的寫作中，很多章節是配圖的，那麼如果按照一般的寫作方法，在寫到需要用圖的地方，我應該把文字停下來，著手畫圖。但我的做法是，寫文字的時候就一路往下寫，對於需要插圖的地方，只是記下位置標記和特徵要點，待一整章寫完後，我才回去加上插圖，這樣做的效率顯然比一下子寫東西、一下子畫圖更高。

這就像錄製一首歌曲，一首歌往往是由多個不同音軌的聲音複合而成的，比如人聲、各種樂器聲以及一些特效的背景音，每一條音軌都可以獨立錄製和編輯，而聽眾欣賞到的是複合起來的聲音效果。當音樂創作者在編製歌曲時，他們會單獨就某一個音軌的聲音進行錄製和編輯，比如單獨去編

輯鋼琴的音軌，單獨去編輯小提琴的音軌，這些不同的樂器就像我們不同的認知能力一樣。

這也像用 Photoshop 來畫圖。在用 Photoshop 繪圖的過程中，可以把一幅畫分成多個圖層，每個圖層在繪製時是相互獨立的，也就是說繪製者在同一個時間只要專注於「某一層」的效果就可以了，而不需要同時顧及太多其他要素，這樣既減少了任務切換的複雜性，也節約了切換成本，而作品最終表現出來的仍舊是多個圖層疊加在一起的整體效果，所以我把這種多執行緒工作的方法稱為「圖層工作法」。

仔細思考圖層工作法你可能會想到，欣賞一首歌的時間過程和製作一首歌的時間過程是不一樣的。欣賞一首歌時，我們從歌的第一秒開始聽，每一秒都是多個音軌的混合，而在製作一首歌時，則可能是先從頭到尾製作出一條音軌，把整首歌的時間走完，再製作另一條音軌，最後才把各條音軌的聲音複合在一起。

我們做其他事情也是這樣，比如寫小說。作為一個讀者，你總是從小說的第一句依次看到最後一句，而對一個創作者而言，小說寫作的次序存在多種可能性。比如有些作家喜歡先把小說的結尾寫好，有些作家喜歡先把小說中最精彩的高潮部分寫好。如果從圖層的角度來看，一部小說通常有三個

圖層，分別是敘述、描寫和對話：

1. 敘述：負責情節的推進。

2. 描寫：用於氛圍的營造。

3. 對話：展現人物性格和衝突。

那麼一個作家，完全有可能先把小說從頭到尾的敘述部分寫好，再營造氣氛，最後精心雕琢對話。

類似地，一篇議論文的圖層可能包括：

1. 核心論點以及邏輯架構。

2. 用於解釋說明的案例和資料。

3. 用於直觀展示的表格和圖片。

那麼在寫作時，就可以按照不同的圖層依次建立。假如一篇文章按呈現次序有 A、B、C 三個部分，那麼我可能不是先把 A 寫好，再寫 B，再寫 C，而更可能是把 A、B、C 的核心論點以及邏輯架構都先寫好，然後集中尋找案例素材，並分別填入 A、B、C，再用同樣的方法插入圖片等。

舉個比較好理解的例子，如果我們要做一條魚的模擬模型，至少有兩種方式：第一種是先做魚頭，再做魚身，最後做魚尾；第二種是先做魚的骨架，再做魚的肉身，再鋪上魚皮，然後你會發現，第二種方式遠比第一種更加高效。

集中處理同質性工作

　　不僅如此，圖層工作法還可以應用於同時處理多項任務的場景中。比如你現在有兩個任務要做，一個是寫一篇Word，另一個是做 PPT，常規的做法是先把其中一個做完再做另一個，或者其中一個先做一部分再換到另一個，而圖層工作法可以這麼做：把 Word 任務分解為 Word 文字、Word圖片、Word排版三部分，把PPT分解為PPT文字、PPT圖片、PPT排版三部分，然後將相同類型的工作組合在一起，你的工作次序就可以如圖 3-3 顯示的這樣：

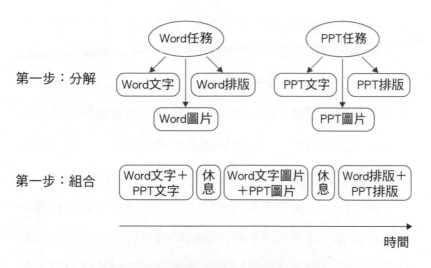

圖 **3-3**　同時處理多項任務分解示意圖
（以製作 **Word** 與 **PPT** 為例）

　　圖層工作法有一個顯而易見的好處，就是可以集中處理同性質的工作，減少不同性質工作間的轉換損耗。不同「圖層」的工作由於性質不同，所以需要的資源是不同的，當你可以依次完成各個圖層的工作時，你就可以依次調用不同的對應資源，而不需要在不同的資源間穿插切換，這樣你的工作效率就會更高。同時，它的另一個好處是，提示和方便我們為作品附上更多的圖層，以增加作品的層次和廣度。

　　就像創作一首歌曲，多種樂器的混搭和特殊音效的疊加往往會有更大的感染力和衝擊力，就像一部小說附加上更多不同層次的細節描寫會更加栩栩如生，也像一塊蛋糕，如果由不同口味層層疊加起來會有更誘人的味道一樣。

　　如果用圖層工作法去完成任何一件作品，我們會更加精雕細琢，會在原先簡陋的坯子上一層層地添加新的元素，使其更加精美和豐富。而這個過程，甚至不需要我們一開始就設計好或者計畫好，由於圖層間相對獨立的特性，我們可以非常自由地加加減減，而不用太顧忌對原先版本的損害。

　　所以說，「圖層工作法」是完成一個複雜作品或者複雜專案的基礎，甚至可能是最有效的戰術，對於習慣製作簡單作品的我們來說，它也是幫助我們邁向更高行動能力的一架梯子。正如德國思想家本雅明（Walter Benjamin）所說：「寫

一篇好散文要經過三個臺階：一個是音樂的，在這個臺階上它被構思；一個是建築的，在這個臺階上它被建造；最後一個是紡織的，在這個臺階上它被織成。」

04

三行而後思

——在實踐中，透過復盤累積智慧

　　十年前，我在一家網路企業當實習生，從事用戶體驗相關的工作。當時我在公司裡的導師是一位經驗豐富的設計學博士，在他教授的過程中，有兩件令我印象深刻的事：一件是每到一個旅館，首先要看門背後的緊急逃生路線圖，記住安全出口和逃生通道在什麼地方；另一件是每做完一件工作，在腦內回想、回顧總結一下，也就是「復盤」，久而久之，就能學到很多東西。

　　這兩個建議讓我非常受用，前者提醒我要前瞻，後者提醒我要回視。後來我發現，厲害的人總是在前瞻性思維和總結性思維上都非常出色。他們既能提前設想未來事件中可能出現的各方面情形，又能從已經發生的行動中加以反思，因此他們總是比一般人想得更加深入和周全。

行動先於思考的價值

　　天才戲劇大師彼得‧布魯克在回憶錄《時間之線：彼得‧布魯克回憶錄》（*Threads of Time: Recollections*）中說，他沒學過什麼戲劇理論，哪怕年輕時拜訪大師布萊希特（Bertolt Brecht），聽其講離間理論也是興味索然。那他有關戲劇的獨特才能又是從哪裡來的呢？答案是經驗。布萊希特對自己親歷的事情感受非常敏銳，並能從這些經歷中獲得非常深刻的啟示。

　　他回想自己五歲時經歷了一場手術，在做術前麻醉時的感受是：「這是我第一次經歷幻滅感，也從此明白了要趕走它有多難。」他在回憶自己參加軍訓、不得不完成一個艱難的任務時總結道：「它們象徵了我畢生要解決的關鍵衝突——什麼時候該嚴守信條，又在什麼時候看透並甩掉它。」他寫自己童年時在一家書店，第一次觀賞一場紙板做成的兒童劇，發現「這個（戲劇的）世界比我瞭解的外部世界要真實可信得多」。而在一次通信設備展上，他第一次看「電視」的經歷則令他思考：「幻覺能以多快的速度掌控我們，實際的存在會多麼輕易地被消解，人們又會多麼輕易地迷失在虛擬世界中。」

　　這種從個人經驗中飛升出來、超越此時此地的思考，促使他成為一名不斷探索和創新的大師。在電影《蒼蠅王》的拍攝經歷中，他驚訝地發現，他自己拍攝的、按照計畫精心構思過的鏡頭對他的吸引力，竟然不如他的助手持另一臺攝影機自由抓拍的鏡頭；但同時他也敏銳地察覺到，如果沒有前期的精心設計和素材預演，那些抓拍的鏡頭也不會有這麼大的吸引力。這讓他在行動中反思，如何在「干預性的拍攝行為與擺脫控制的自由視角之間建立平衡」，這種思考影響了他的下一部作品。在幾年後拍攝《馬哈／薩德》時，布魯克有意地使用了這個原則，並在十五天內就完成了它。

　　如果換作其他人，很可能只是把這些行動和經歷當作一閃而過的回憶，而布魯克則是以此作為智慧的來源。在從小到大的學校教育中，我們被告知所有的知識都來自書本，前人已經幫我們探索出了大多數的知識，我們只要認真讀書，理解吸收就可以了。於是不少人養成了一種照搬書本和理論知識的僵化思維模式，我們會認為，實踐中遇到的知識可以從理論中推導出來，從理論到實踐是一個自然而然的過程，實際上並非這樣。

　　在羅伯・波西格（Robert Pirsig）的《禪與摩托車維修的藝術》一書中，波西格的朋友約翰・沙蘭格是一個對修理摩

托車一竅不通、只會機械照搬手冊的傢伙，下面是他們某一次在修理摩托車時的對話：

　　沙蘭格：「它沒有理由無法發動。這是一臺全新的摩托車，而且我也完全按照手冊上說的去做。你看，我照他們說的把阻風門拉到底。」

　　波西格：「阻風門拉到底？」

　　沙蘭格：「手冊上是這麼說的。」

　　波西格：「那是引擎冷的時候才這麼做的。」

　　從上面的對話中可以看到，沙蘭格機械地照搬維修手冊上的說法，卻不知道分析實際的情境來做出反應，這就是一種典型的照本宣科式思維。不僅如此，波西格還發現，即便那些手冊的編寫者，那些所謂的專家，也並沒有實際修理摩托車的經驗，他們也不過是從摩托車的組成結構出發，想當然地提出修理建議，可謂紙上談兵，以至於他們編寫的手冊並沒有多大的參考價值。

　　從理論出發不一定能指導實踐，只有在實踐中透過反思累積的知識才能指導實踐，「行動科學」對這個論點有比較深入的闡述。組織行為學家克里斯·阿吉里斯（Chris

Argyris）在《行動科學》一書中說，科學理論誕生於「維持其他變數恆定」的理想情境，而實際的問題則處於一個多種因素互相作用、相互依存又互相衝突的「複雜場域」中，並且具有某種獨特性。

事實上，當人在解決現實問題時，更依賴於隱性的知識和隱性的推理。行動科學的另一位研究者唐納德・舍恩認為，「三思而後行」不一定是正確的，很多時候甚至可以是「行動先於思考」的，因為「人們的機智行動是高度技巧及複雜推理而形成的，而其中絕大多數又都是隱性的」，因此在行動之後反思，可能會反過來發展我們的認識。

在日本知識管理專家野中郁次郎看來，我們行動中蘊含的知識屬於不易用語言表達的內隱知識（Tacit knowledge），比如一個拉麵師傅是如何拉出很細的麵條的，這些技巧蘊含在他的動作中，但要他說出來恐怕就沒那麼容易了，而書本中的知識屬於可用語言清晰表達的外顯知識（Explicit knowledge）。

他還認為，知識創造的過程其實是內隱知識和外顯知識相互轉化的過程。從外顯知識到內隱知識的轉化，類似於知識的內化，即透過實際的練習來掌握書中的知識，而從內隱知識到外顯知識的轉化，則是知識的顯化。在這個過程中，

就需要我們對行動進行細緻的反思，把那些原本並非用語言承載的知識用語言歸納和總結出來，而這些知識一旦可以用語言表達出來，就容易被重複使用和遷移到其他應用場景之中。

可以用球員和教練的關係來說明這個問題。球員打比賽很多動作是直覺反應，這種直覺反應是長期訓練的結果，包含了非常多難以言說的內隱知識。有些球員退役後變成教練，這時他發現必須把他的內隱知識外顯化，訴諸語言，才能傳遞給手下的球員。同樣是球員出身的教練，有些人更擅長這種轉化，有些人不太擅長，大抵上決定了他們是否勝任教練這個崗位。

打球是這樣，從事其他領域也是如此。如果你是一個學生或者一位普通的職員，就像一個球員一樣，我們雖然知道很多東西，也接受過一些訓練，但是其中大部分是以一種模糊的、混亂的、碎片化的面目存在於我們的頭腦中的。如果總是以單種角色來學習，我們的進步會很慢。

能不能讓自己升格為教練呢？由你來教別人，在這過程中，你就不得不把很多內隱的知識外顯化，因為你得把東西說得清楚明白嘛，這樣，你原本腦中模糊、混亂的東西也自然會變得更加清晰和有序。

具體應該怎麼做呢？一個簡單的方法是找一個學習搭檔或者參加一個學習小組，採用結伴學習的方式，有時候你是老師，別人是學生；有時候你是學生，別人是老師，每個人都有當教練和球員的機會，內隱知識和外顯知識便可能更有效地互相轉化了。

我們應該如何去反思？

我們置身在這個世界中，目光所及，看到的只是一個個表象。如果要透過表象看到更多，就需要付出更多的觀察和思考。在表象之上，是經由歸納抽象出來的經驗、假設和模型；在表象之下，是大量更加真實與繁密的細節性資訊。那麼反思和行動，就成了在這三者之間折返的橋樑；反思和行動越多，我們就越能從表象過渡到更多的抽象理念和具象事實，就像圖 3-4 所顯示的：

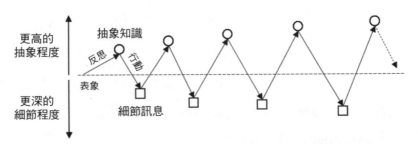

圖 **3-4** 表象、行動與反思三者之間的關聯

　　在做完一件事後，我們應該怎麼反思呢？我覺得至少可以從下面這幾個方面來進行：

1. 訊息

．在做這件事時我利用了哪些資訊？其中哪些資訊是最關鍵的？

．這些資訊是從哪些管道中得來的？哪些管道被證明是很有價值的？

．我可能遺漏了哪些資訊？這些資訊可以怎麼取得？

2. 預期

．在做事之前，是否對事情的過程和結果形成了正確的預期？

．我為什麼會形成這樣的預期？是什麼造成了預期和事實之間的偏差？

．我的預期是否促進或者阻礙了事情的進程？今後應該如何管理自己的預期？

3. 結果

．怎樣描述這件事的結果？怎樣評價這件事的結果？

．在描述和評價這件事的結果時我用了哪些指標？這些指標是否需要改進？

・ 結果需要哪些改進？如何改進？

4. 進度

・ 事件的進度適合嗎，是太快了還是太慢了？是什麼因素導致了這樣的結果？

・ 當進度出現問題時使用了哪些手段進行干預？效果如何？為什麼效果理想或者不理想？

5. 工具

・ 在完成這件事情的過程中，我使用了哪些工具？

・ 哪些工具發揮了重要的促進作用？哪些工具的成效不好？如何改進現有的工具使其發揮更好的功效？

6. 情緒

・ 在做事的過程中我的情緒狀態如何？是否出現過情緒失控的情況？是什麼引起的？

・ 我是否有意識地調整自己的情緒？在這期間使用了什麼方法？是否需要改進？

7. 阻礙

・ 在做事的過程中我遇到了哪些阻礙？其中最重大的阻礙是什麼？我是如何應對這些阻礙的？取得了什麼效果？

・ 這些阻礙中哪些會長期存在？我需要透過什麼持續的努力來減少這些阻礙？

8. 優勢

· 在做事的過程中，我發揮了什麼樣的優勢？是否有什麼優勢還沒有利用和發揮的？

· 在做事的過程中，我的主要收穫有哪些？我的哪些知識和能力得到了提升？

· 我可以向做同類事情的其他人學習什麼？他們有哪些優勢是我不具備的？

9. 遺憾

· 在做事的過程中，我的遺憾有哪些？最大的遺憾是什麼？是什麼原因造成了這個遺憾？

· 在做事的過程中，我暴露了哪些缺點？其中哪些缺點是必須且迫切需要改正的？

· 關於這件事，別人對我有什麼批評和評價？他們的批評有哪些可取之處？

10. 意義

· 這件事對我來說最大的意義是什麼？對我的短期生活和長期生活分別有什麼影響？

· 這件事對周圍人、對社會、對整個世界和對地球的意義分別是什麼？

· 我發現了哪些意想不到的意義？

及時反思，梳理反應鏈與意外現象

除了上面的這些問題示範之外，在行動中反思，最好還要注意三個關鍵點：

1. 保證及時性

反思一定要及時。「及時」的意思是，在做完一件事之後幾分鐘內就開始反思，因為這個時候你的記憶中保存了大量事件相關的細節，你記憶中的遺忘和扭曲是最少的，於是你的反思就會忠實呈現事情的原貌。這種反思並不需要什麼「正式」的程式，低下頭想一想就可以了，哪怕這個過程只有半分鐘，也比你不反思要好很多。當然最好是能把反思的主要結論寫在紙上，以便查閱。

2. 梳理「反應鏈」

閱讀一本書時，我們能看出這本書的脈絡是什麼，那麼反思一件現實發生的事情時，我們也應看到這件事它是如何開始、如何發展、如何轉折、如何結束的，它背後的動因、阻力以及關鍵點是什麼，這些相關的因素又是如何串聯起一條完整的「反應鏈」的。梳理「反應鏈」有助於我們理解事件及其背後的運行機制，在今後的同類事件中，我們就可以更好地掌控事情發展的進程。

3. 關注意外現象

在行動中，免不了出現意想不到的結果或者現象，有時候這些結果超出了我們的期望，有時候讓我們大失所望，有時候把我們驚得目瞪口呆。意外結果也許並非本身有多特別，而是在於它落在我們原有的認知之外，因此關注意外事件就是打開我們認知局限性的方法。從青黴素的發現到便利貼的發明，都源於行動者對意外結果的額外關注，但由於普遍存在的「確認偏誤」，人們更喜歡符合期望的結果，而把意外的效應置之不理，或者簡單地歸結為隨機性。因此在反思時，我們應刻意保持對意外現象的敏感，克服原有的思維惰性，透過理解意外來拓展認知和行動的邊界。

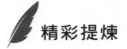

精彩提煉

◆ 當一件事，你不知道怎麼做的時候，就直接開始做吧。只要開始了第一步，就會有第二步、第三步。

◆ 克服「過度準備」的慣性，向前一步，把未完成的事情完成。

◆ 樂於接受負面意見，有勇氣否定並重新構造自己的產品。

◆ 多執行緒的工作，首先需要一段專注不受干擾的時間，完成工作中最核心部分的思考。

◆ 集中處理同質性的工作，可以減少不同質工作間的轉換損耗。

◆ 從理論出發不一定能指導實踐，只有在實踐中透過反思累積的知識才能指導實踐。

◆ 行動後要及時反思，並梳理這件事情的「反應鏈」，特別關注其中發生的意外現象。

實踐練習

↻ 建立即刻處理生活小事的習慣

　　請回想一下，在你生活中有哪些小事，經常因為你的拖延而給自己帶來更大的負擔。請在接下來的一個月內，堅持立刻完成這幾件事情。

↻ 完成一個你的「最簡可行產品」

1. 請在你的工作或者學習之中，選擇一件較為重要的事情，構建一個你的「最簡可行產品」。

2. 它最核心的部分是什麼？請拿出一段不被干擾的時間來完成它。

3. 完成這個「最簡可行產品」的工作，可以分為幾層？請嘗試採用圖層工作法完成它，並與之前完成它的方式進行比較。

4. 請將你的成果在相應的線上或線下平臺公布，收集外界的回饋，列出其中對你最有啟發的三至五個建議。

5. 根據收集建議和個人思考，重新修正你的「產品」。

↻ 在行動中反思

1. 回想一下，最近發生一件對你來說最大的事情是什麼？這件事情是如何開始、如何發展的，其中有沒有什麼轉折性事件，最後怎樣結束？

2. 在梳理中，你可以得到一些什麼樣的啟示？

3. 在行動過程中，是否有什麼意外發生？這個意外對你有什麼啟發？

第四章

如何學習，
才能夠面對現實

只有最後能夠用於現實的學習，
才是唯一有效的學習。

01

找到一切學習的嚮導

——好的學習者，首先要向自己提問

「撒謊對自己有利的時候，為什麼要說實話？」

這是奧地利哲學家維根斯坦（Wittgenstein）思考過的第一個哲學問題。那時他只有八、九歲，他對自己提了這個問題並苦苦思索，卻沒有得到滿意的答案。這個問題的兩難性折磨著他，逼迫著他去解開謎團。

據《天才的責任：維根斯坦傳》的傳記作者雷伊・孟克所說，正是「那種問題激起的強制傾向把他拽進了哲學」。即便無意成為維根斯坦這樣的哲學家，僅僅作為一個學習者來說，問題也可以成為我們最好的老師。就我自己來說，我的閱讀和思考，都是在自己提出的問題牽引之下、在因問題無法完美解答所形成的焦慮和不安的鞭策之下進行的。對問題的好奇、對答案的渴望，是驅動我學習和探索的主要動力。

主動建構知識

從教育學和心理學的專業視角來看，提問在學習中也是至關重要的。可以說，向自己提問是成為一名好的學習者的第一步。我們不妨先站在反面，來分析一下不經提問的學習成效會是怎樣的：

1. 訂立計畫

學習計畫可能經過縝密的安排，也可能比較隨意。很多人會為自己訂立這樣的學習計畫：「接下來兩個星期看完《心理學與生活》這本教材」、「接下來一個月看完哈佛大學公開課《幸福課》」。

2. 實施學習

從頭到尾地閱讀一本書或者線上學習一門課程，把其中認為比較重要的內容摘取出來，並且記成筆記，放在筆記軟體裡。

3. 回顧和整理

對筆記進行整理，或者畫出一張心智圖，把書中的知識要點以整體的形式再次呈現。

能做到以上三步的已然是比較優秀的學習者了，但是你有沒有發現，在這個過程中占據中心位置的是編制好的教材

或者課程，是既成的、已有的知識，而不是你心中的困惑——那些待解的難題。

以既成知識為核心的學習，學習者扮演的只是一個「吸納者」或者「搬運者」的角色，他們把外部知識經過消化後搬運到頭腦內部，只不過完成了知識在不同載體間的傳遞。這種學習中，知識在傳遞過程中的精確性、完整性被認為是至關重要的，而學習者自身的心智，包括他原有的知識體系、方法、觀念乃至困惑，卻被擱置起來，不聞不問。

也許很多人都沒有認真思考過：我為什麼要看這本教材或者學這門課？是因為它現在很熱門，大家都在推薦，還是根本沒考慮過為什麼，只是隱約覺得對自己有用？我在標注重點以及記筆記的時候，是根據什麼來判斷哪些值得記、哪些不值得記的？有沒有依循某一個特定的標準還是只是憑感覺？我在學完之後累積下來的很多知識，是不是還是不知道怎麼應用，而只是增加了一點點掌握知識的滿足感？

這些疑問對教育心理學家來說已經司空見慣，他們一直在研究和反思這類學習模式——「直接傳遞模式」，即認為學習就是簡單、線性的「傳遞—接收」的過程，學習的目標只是用靜態的知識把頭腦裝滿。

他們認為，更合理的模式應該是「建構式」的，即知識

不只是簡單地吸收，而是由學習者主動建構而來，學習者必須充分地調用他們已有的知識，在主動性目標的指引下、在豐富的情境中積極探索，把新知識和舊知識融合在一起，在頭腦中建構出新的知識體系。

打開新舊知識之間的通道

哲學家羅素（Bertrand Russell）在《人類的知識》（*Human knowledge*）中寫道：「一個人求知的歷程，就像是一個登山者靠近一座被霧靄籠罩的高山，一開始他只能看到一個模糊的輪廓，所有的東西都無法看清，慢慢地走近時，這座山的各個部分才漸漸地清晰起來。」

問題就像嚮導，引領著我們去接近這座知識的高山。而這個引領本身，又有賴於我們已經看到的、模糊的輪廓。這裡就引出一個關鍵的命題，問題並非空中樓閣，而是建立於已有知識的地基。因此，我們對新舊知識的梳理和反思就特別重要。我們應像一位優雅的美食家，懂得悉心挑選、細細品味，並且把新奇的味覺經驗與原來的味覺經驗結合起來。因此，我們不妨多去思考以下四個問題：

1. 針對當前的學習資料，我已具備了哪些相關的知識？

2. 針對當前的學習資料，我又學到了哪些新的知識？這些知識對原有知識構成了何種補充或者挑戰？

3. 針對當前的學習資料，還有哪些未知的東西，且這些東西我透過簡單的探索就可以瞭解？

4. 針對當前的學習資料，還有哪些未知的東西無法輕易地獲得解答，同時又有價值成為我長期去探索的問題？

這裡我想引用物理學家弗里曼‧戴森（Freeman Dyson）的《作為反叛者的科學家》（*The Scientist as Rebel*）一書的內容，並以此為例來回答這四個問題。這是一本我非常喜歡的書，因為它優美地穿巡在科學與人文之間。在書中〈科學可以合乎道德嗎？〉一文中，作者從自己的親身經歷出發，討論了科學對人們生活的不同影響方式，其中一段是這樣的：

我加入了美國聖地亞哥的 General Atomics 公司，當時我的朋友們正在那裡使用這種新技術。我們發明並建造了一個名叫 TRIGA 的小型反應爐，它被設計成是具有固有安全性（Inherent safety）的。固有安全性的意思是，就算操作它的人水準非常低，反應爐也不會發生意外。

這家公司四十年以來，一直在製造和出售 TRIGA 反應爐，至今仍然販售這個產品；主要買家是醫院和醫療中心，

他們需要製造生命週期很短的同位素，用於醫療診斷。這些反應爐從來沒有發生過意外，也沒對使用者造成任何危害過。他們僅在少數的幾個地方遇到過麻煩，還都是因為鄰居受固有觀念影響，完全不顧它們到底有多安全，反對讓它們出現在附近。我們的 TRIGA 之所以能取得成功，是因為它被設計成能完成一些有用的工作，而且價格也在大醫院的承受範圍之內。1956 年時的價格是 25 萬美金。

　　先試著回答第一個問題：「我已具備了哪些相關知識？」

　　關於這段引文中提到有關「安全」這個主題，我所知道的非常有限。在日常生活中，我從小被告知防範一些常見的危險，比如觸電，但這都是從一個使用者的角度出發，而不是設計者。

　　如何設計一個東西讓它更具安全性，可以說，絕大多數人都不具備相關的知識，包括我在內。不過，由於學習心理學相關科系的關係，我曾經在課堂上瞭解過一些「人因工程學」（Human factor）的知識，這門學科專門研究在工程和設計領域機器與人的相互關係和作用。

　　人因工程學強調，很多意外事故的起因，往往是由於人的疏忽或者失誤，稱為「人為錯誤」（Human error），因此

我的腦子中就有一個可能被誇大的觀念，人為錯誤是造成危險和事故的第一主因，由於人為錯誤只能減少而無法消除，因此危險無法完全避免。

然後回答第二個問題：「我學到了哪些新知識？」

戴森的這段話讓我接觸到了一個全新的概念 ——「固有安全性」（Inherent safety），並且由他自己的這段經歷可以看到，一個具有固有安全性的產品，即便是像核反應爐這類看起來比較危險的東西，也可能被設計得接近於絕對的安全。這個概念對我非常有衝擊力，就像我上面所說的，我的心理學背景讓我只注重在事故背後的人為因素上，卻不曾想到另外一種可能，透過某種更有價值的設計，我們可以讓人連犯錯的機會都沒有，這是一件多麼有魅力的事情！

第三個問題：「還有哪些未知的東西？」

我自然地想去瞭解有關「固有安全性」這個概念更多的知識，所以上網搜索了一下。百度百科上有寫「固有安全是指透過設計等手段使生產設備或生產系統本身具有安全性，即使在誤操作或發生故障的情況下也不會造成事故的功能」；維基百科上的定義是「即便出錯仍舊保持低水準的危險」，並且一個固有安全性的設計是「避免危險而不是控制危險，尤其是透過減少危險性的物質或者危險性的操作來實現」。

　　據此我的理解就是，如果在系統設計的時候，把所有構成危險的因素全部去除（如果可能的話），那麼意外就不會發生。這些解釋就把固有安全性的「本質」說得比較清晰了，「固有安全性」是一種重要的思想，不僅是一種術，更是一種道，它觸及了事物非常根本的東西。當然我現在對此瞭解的只是皮毛，但這已經讓我感到非常震撼。

　　在第三個問題的基礎上，回答第四個問題：「還有哪些問題值得長期去探索？」

　　儘管我不會真的去從事安全方面的工作，因此也不需要像一個安全專家一樣，對「固有安全性」做太深入的瞭解，但是「固有安全性」這個思想卻對我構成了某種啟示。

　　過去，受專業視角的局限，致力於透過減少「人為錯誤」的機率來提升安全的思想，只是一種在「量」上進行改進的設計，而「固有安全性」的思想卻引導進而實現了一種從「質」上進行根本改變的設計。

　　如果以此類推，有沒有可能存在一種「固有娛樂性」，或是「固有信任度」、「固有健康法」、「固有智慧術」、「固有和平」？先別急著說這些都不可能，也許，未來哪一天，真的會實現其中的某幾項呢？比如，「有沒有可能存在固有智慧術」可能就是一個值得我去長期思考的問題。

　　從這個例子我們可以看到，看起來普通的一段話，可以引發出多麼有價值的思考，而這些思考又反過來加深了我們對這段話的理解。

　　在上述的四個問題中，第四個問題最為特別，因為它可能會變成一項長期的任務，讓學習變成了一個富有挑戰的、長期征戰的歷程。

　　一個好的長時程問題，讓我們成為「建構者」，因為我們不僅在學習知識，還在「建構答案」，在努力回答問題的過程中，我們篩選、評判和整合新舊知識，並把它們融匯成一個自洽的整體；一個好的問題，讓我們成為「探索者」，主動地去探求未知的領域，拓寬「未知的未知」的邊界，而不是僅僅滿足於對現成的、邊界明晰的知識的掌握；一個好的問題，讓我們成為一個「獵手」，知識是我們主動去偵察、尋覓、狩獵的獵物，而不是我們戰戰兢兢供奉著的或者亦步亦趨跟隨著的東西。

　　在問題引導下，學習的最大特點是，它所希求的知識是沒有邊界的，為了找到問題的解，我們可能會尋訪任何可能的線索，查閱任何有益的資料，而不受既定的觀點的束縛。

任何一個問題，都可以探究下去

琳達・達令－哈蒙德（Linda Darling-Hammond）是史丹佛大學的教育學榮譽教授，也是美國教育政策的主要制定者之一，她在建構主義理論的背景下，大力宣導「基於探究的學習」（Inquiry-based learning）的觀點，而由問題引導的學習就是基於探究學習的主要形式之一，甚至美國的醫學、商業、法律等方面的教育，已經廣泛使用這種教學方法。

琳達認為，提問的關鍵，是提出現實場景下且可能具有開放性解答的問題，而非一個純理論性、封閉性的問題。例如，如果我們問「速讀是不是一種好的讀書方法」，那麼只有「好」和「不好」這兩種解答，問題就很難被深入探究；而如果我們問「應該如何選擇和調整閱讀的速度」，就可以深入探究下去。無怪乎美國教育科學研究院在 2007 年的一份研究報告中把「提出深入且具探索性的問題」（ask deep explanatory questions）認證為是一種效果非常好的學習方法。

在數學教育家波利亞（George Polya）看來，任何一個問題都可以無限地探究下去。他在名著《怎樣解題》（*How Solve It: A New Aspect of Mathematical Method*）中寫道：「沒有任何一個題目是澈底完成的，總還會有些事情可做。在經過

充分的研究和洞察以後，我們可以將任何解題方法加以改進；而且無論如何，我們總可以深化我們對答案的理解。」這實際上點出了問題導向學習的另一個益處，就是問題可以幫助我們形成長期且一貫的思考路徑。

問題構成了學習的連續性，當沒有問題引導時，可能我們常常只是零散、隨性地去涉獵學習資料，去捕獲一些不相干的知識，這種學習的結果是得到一盤知識的沙礫。而在問題牽引下的學習，則是連續不斷地構築著知識之間的聯繫，使它們以一種有意義的方式連綴在一起。

那些特別適合長期探索的根本性問題不僅可以引發我們持久的求知衝動，還能迫使我們保持思考，這個過程可以是幾個月、幾年甚至貫穿我們的一生。這些問題就像一根根富有韌性的細線，把五彩斑斕的知識、經驗、思想和方法串接起來，使散落的沙礫變成一串富有光澤的珍珠。可以說，越是成熟的學習者，越擅長做這類長時程的知識結構化工作。

在一本教育心理學書籍《人是如何學習的》（*How People Learn: Brain, Mind, Experience, and school*）一書中介紹過這樣的研究，有教育學家比較了物理學和歷史學領域專家和新手在知識組織上的差異，結果發現在兩個領域中，專家的知識都不是對事實或公式的簡單羅列和堆積，而是圍繞著核心的概

念或者「大觀點」（Big ideas）組織起來的，這些「大觀點」引導著他們去構築和拓展自己的領域。

　　當然，我們不僅可以向自己提問也可以向其他人提問，向高手求教，向智者參習。但是歸根結底，這些問題還得由我們自己來解答，別人的幫助只是一種推動，但知識構建的過程是他人無法替代的，提問是將我們引向深度學習的起點。

　　一位優秀的學習者，必定是一個優秀的提問者，他從閱讀、觀察和思考的過程中產生問題，先解答表層的、容易的那部分，留下深度的、探索式的問題給自己，並在由此問題招致的持續困擾和折磨中開啟卓越的心智旅程。

02

不要當一個知識搬運工

——透過解碼，深入事物的深層

　　網路時代許多人養成了一種囤積癖，在網路上下載很多書、軟體、電影，累積了很多東西占著電腦容量，但下載完之後又放在那裡，懶得去看。還有一些好學的人，像兢兢業業的蜜蜂，在網路上看到好文章就一篇篇收藏起來，或者拷貝到筆記軟體裡，這種資料的搜集固然好，可惜經常只是存而不閱，不過是做了知識的搬運工。也有人很喜歡閱讀，但是他們看得不夠精細，什麼東西都是粗粗一覽，更不用說在碎片化閱讀的時代，在手機上看東西本來就不易深入。

　　其實這些現象，都有一個共同的癥結，就是我們面對如此多的資訊，只會做最淺層的加工，沒有從深處審視，更不用說去做一些「解碼」的工作了。解碼不等同於我們一般所說的理解，理解通常只涉及對字面意義的解讀，常以自動化的方式進行，也無須做太深入的思考，並且理解應遵從客體本意，不可擅自演化。而解碼則是一個更為主動和主觀的過

程，不同的解讀對同一資訊的解碼可能是完全不一樣的，就像看同一部電影，不同的人能看出不同的意味。

　　法國當代建築大師尚‧努維爾（Jean Nouvel）說，他的建築啟蒙是從他八歲時移居到薩路拉小鎮一座十七世紀的貴族宅邸開始的，這座建築的結構以及由此產生的美感讓年幼的努維爾著迷，並萌發了他對建築的思考和迷戀。後來他回憶說，這個幼年經歷，使他「形成了這樣的思考方式，就是經常去深入觀察並探索事物的深層涵義」。

解碼的基本規律

　　解碼的過程和結果因各人視角的不同而千差萬別，但也有基本一致的規律可循。為了說明這個基本的規律，我們來想像一隻在玩具店裡經常能見到的「會說話的黃色小鴨」。這隻會唱兒歌、會講故事的鴨子在不同人的眼中可以有不同的解讀：

　　1. 在孩子眼中，他關心的是「黃色小鴨說了什麼」，於是他聽到的是兒歌、故事，即孩子關心的是最直接的資訊。

　　2. 在家長眼中，他們關心的是「黃色小鴨是什麼」，首先他們會把它定義為一個玩具（而不是一隻「鴨子」），然

後他們可能會對這隻鴨子的娛樂性、教育性、安全性、性價比等做出評判。也就是說，家長關心的是價值和意義。

3. 在玩具工程師的眼中，他們關心的是「黃色小鴨是怎麼做出來的」，他們會思考和設計黃色小鴨有哪些功能模組，會想它的電路結構以及聲光效果。也就是說，工程師關心的是結構和實現。

事實上，在我們的學習中，也面臨著「會說話的黃色小鴨」的問題。大多數學習者，可能經常扮演的僅僅是一個「孩子」的角色，他們只關心這本書、這篇文章說了什麼，傳遞了哪些顯而易見的知識，而只有少數人才會從「家長」的角度去審視構成這些內容的訊息，對它們進行本質和屬性上的概括，評價它們的價值和意義。只有非常少的人會從一個創作者的角度去研究，把學習資料作為一個觀摩與研究的範本來分析，將其拆開來看個究竟。

能堅持去做第三層次解讀的人想必是不簡單的，漫畫家幾米就是其一。他自述學畫的經驗，是遇見「任何書裡的任何圖」都要拿來看，然後仔仔細細研究這些圖的細節，揣摩作者為什麼要這麼畫、這樣去表現。乃至像英文的刊物如《Times》、《彭博商業周刊》之類，裡面的漫畫即便他不能完全理解內涵，但也會特地拿來研究裡面的技法。像日本女

性雜誌中專門教人敷臉化妝的小圖，他也從中挖掘了許多類似怎樣用最簡單的方法來表現動作的要領，而這樣圖解的修練方式，幾米堅持了至少十年。

因此，簡單地說，解碼不外乎下面三個層次：

1. 它說了什麼？帶給我什麼樣的感受？（它原本就要傳達的資訊和知識）

2. 它是什麼？對我有什麼價值？（對內容的反思，以審視的目光對內容進行評價和定性）

3. 它的內部是怎麼組成的？它的效果是怎麼實現的？（對形式和構成的洞察，研究內容表達的手法）

偉大的藝術作品，常常有很深厚的內涵和很精巧細微的技法，不論你在哪個或深或淺的層次上解讀它，它都能呈現出美妙的意味，但如果你不做一番細心的努力和挖掘，就只能嘗到最表層的那一小部分味道。

不斷擴展自己的知識系統

對資訊的解碼，需要用新知識來解構舊知識，是新舊知識碰撞和融合的過程，因而也會帶來既有知識體系的重新建構，於是我們內在的知識結構就不斷地演變著。

教育心理學家把在某一領域有專長的人士，分為「例行性專家知能」（Routine expertise）和「適應性專家知能」（Adaptive expertise）兩類，其中具有例行性專家知能的人具有一個基本固定的知識系統，可以以很高的效率把他們所接觸到的資訊按照已有的框架進行分析，而具有適應性專家知能的人則可以讓自己的能力不斷地「進化」，透過對知識的廣度和深度的擴展來適應問題解決的需要。

例行性專家往往是象牙塔裡的學者，因為他們主要接觸的資訊內容是固定領域內的理論著作，這些著作通常已經不對應具體而現實的問題，而是直接就最深層的問題進行探討，這樣一來，他們就失去了從表層解碼到深層的練習機會。而適應性專家通常是實踐型的專家，因為他們必須經常去應對那些超出單一領域的、非常規性的問題，接受各式新奇刺激的挑戰，在這個過程中，他們必須在表層和深層之間穿梭，因而他們的知識系統也就能夠不斷擴展。

著名哲學家懷德海（A.N. Whitehead）在《思維方式》一書中說，「理解的推進有兩種，一種是把細節集合於既定的模式之內，一種是發現強調新細節的新模式」，他竭力推崇第二種，反對第一種，其實說的就是這個道理。因為前一種理解只是對新資訊的表層加工，而後一種發現模式的理解

是對新資訊的深層加工。

　　一個高階的學習者通常是一個適應型專家，他們可以有意識地構築一個資訊解碼和知識擴展的良性循環，如圖 4-1 所示：

圖 4-1　知識系統解碼與擴展的良性循環

深度學習：不止瞭解，還要知曉

　　解碼費時費力，所以很多人看書或者其他東西都是蜻蜓點水、走馬觀花，結果時間稍微一長就只剩下一些模糊的感受，留不下什麼東西。學習應該是深度和廣度的結合，廣度能夠讓人不閉塞，深度能夠讓人不只是學之皮毛。

　　對學習者來說，是否善於對資訊進行解碼決定了對知識的掌握效果。教育心理學新近的觀點認為，對某一事物的知識掌握，應區分瞭解（Knowledge about）和知曉（Knowledge of）兩個層次。比如對於跳傘這件事情，僅限於瞭解的人，

固然可以頭頭是道地說出跳傘的標準操作步驟一二三四，而如果被問到一些非常規性的問題，可能就會茫然無措；而掌握知曉層次的人則可以基於對跳傘設備的內在原理理解，透過一定的思考和推理後得出解答。

看到這裡，有些人可能會問：「我平時閱讀的教材已經寫得夠明白了，有一說一、有二說二，直接讀下來，就能懂個八九不離十，似乎用不到你所說的解碼吧？」

這個觀點既對，也不對。

當然，我不是說，我們學任何的材料，都要深入去讀，讀到紙的背面去。但是細想一下就會發現，一部表面上簡單易懂、樸素直白的作品，往往是有很深的功夫在裡面的，也許是運用了很深的技巧，把那些原本複雜性的東西簡化或是隱藏了起來，才造成了最讓人曉暢的觀感。你若是去深究它何以寫得如此明白曉暢，也許能發現一座壯麗的地下宮殿。這種學習的方法，是把學習的材料當作可供主動觀摩和探究的「樣例」，因此也叫作「基於樣例的學習」。其實很多領域的學習，就像學習繪畫一樣，需要一個漫長的臨摹過程，在對作品的臨摹或樣例的深入探究中，我們會發現其中深厚的內涵、精巧細微的技法。

但凡學有所成者，多重視深度學習。

　　金克木先生是「解碼界」的行家裡手，他曾寫道：「我讀書經驗只有三個字：少、懶、忘。」然後他筆鋒一轉，又說：「現在比以前還多了一點，卻不能用一個字概括。這就是讀書中無字的地方比有字的地方還多些。……古人和外國人和現代人作書的好像是都不會把話說完、說盡的。不是說他們『惜墨如金』，而是說他們無論有意無意都說不盡要說的話。越是囉唆廢話多，越說明他有話說不出或是還沒有說出來，那只說幾句話的就更是話裡有話了。所以我就連字帶空白一起讀，彷彿每頁上都藏了不少話，不在字裡而在空白裡。似乎有位古人說過：『當於無字處求之。』完全沒有字的書除了畫圖冊和錄音帶外我還未讀過，沒有空白的書也沒見過，所以還是得連字帶空白一起讀。」

　　這種「連字帶空白一起讀」的方法，就可歸為「深度學習」的方法了。不僅如此，這種讀空白的方法，金克木不僅用於讀書之中，而且用於「讀人」、「讀物」，即所謂「三讀」，這樣一來，世間就無一處不是學問了。

　　唐君毅先生在《說讀書之難與易》一文中，對深度讀書法也寫得極為透澈，這裡只引一小段：「見文字平鋪紙上，易；見若干文字自紙面浮超凸出，難。見書中文字都是一般大小，易；見書中文字重要性有大小，而如變大或變小，難。

順書之文句之次序讀書，易；因識其義理之貫通，見前面文句如跑到後面，後面文句如跑到前面，平面之紙變卷筒，難。於有字處見字而知其意義，易；心知著者未言之意，於字裡行間無字處見出字來，難。」

別說是讀書，看電影也是如此，也需要善於往深處去解剖。李安的電影《臥虎藏龍》是一部非常優秀的作品，但是很多人看不懂，看得雲裡霧裡。可如果你看了徐皓峰在《刀與星辰：徐皓峰影評集》中對其進行的解碼，可能就會有恍然大悟之感。

他說：「《臥虎藏龍》表面上是一個道義壓抑愛情的故事，實際上是一個男人尋歡的故事。」什麼意思呢？《臥虎藏龍》裡有一段著名的竹林打鬥戲，周潤發飾演的李慕白追趕章子怡飾演的玉嬌龍，邊追邊比試劍法，明著看李追玉是為了追查線索，但從這場打鬥戲的視覺表現看，頗有一個中年男子追求一個年輕女子的情感隱喻在裡面。透過這樣對電影情節和手法抽絲剝繭的分析，徐皓峰不僅點出了「顯」的部分，更道出了「隱」的部分，所以他對《臥虎藏龍》的解碼已經是到了很深的那一層了。這種解碼的快感甚至給我們一種錯覺：「我是不是也會拍一點點電影了呢？」

徐皓峰的影評寫得好，於是另一位影評人大頭馬老師又

特地寫了一篇文章叫〈觀察的途徑〉，對徐皓峰的影評進行了解碼，可謂「解碼之解碼」。大頭馬老師認為徐皓峰的影評為觀眾提供了「第三層」價值，他是這麼寫的：「福爾摩斯說：『華生，你只是看，你並沒有在觀察。』評論家充當的正是福爾摩斯的角色，他需要基於物件構建現場，借助工具和細節找到一條通路，然後發現真相。評論就是評論家將他觀察的途徑暴露出來。在原本的意義上，電影是一次性的作品，多數人只有一次觀看的機會。影評人對於大眾的第一層價值在於定格，第二層價值在於再現，第三層價值在於提供那條通路的入口。」

尋找解碼的入口

我們如果想解碼，也要去尋找那條「入口」。這裡提供三個尋找入口的路徑，供大家參考：

1. 不只要去尋找結論，還要去尋找過程

是不是大家都有這樣的經驗，我們看一本小說、一部電影最關心的還是那個最後的結局：男、女主人公最後有沒有在一起啊，反派有沒有死絕啊等等；而我們看知識型的書籍

則關注它呈現出了哪些結論，告訴了我們什麼道理。其實，這樣的觀看方式，於解碼無益。

　　一個解碼者，應該要做到不只是去尋結論，還要去尋過程——即我們不僅要知道結果是什麼，還要去知道這個結果是如何得來的。如果是看一部虛構作品，我們可能要去思考，目前這個結局，作者是進行了何種邏輯上、感情上的推動，使其變成了一個意料之外又情理之中的結果。如果是一篇議論文，我們可能要去思考，作者是使用了什麼樣的資料論據、透過了什麼樣的推理，才使其論點成立、能夠把人說服。有些作品，它的過程是「顯」的；有些作品，它的過程並沒有明確道出，則更需要我們耗功夫去梳理，甚至就像一個偵探一樣，把犯罪現場在頭腦中還原出來才行。

2. 不只要去歸納，還要去延展

　　歸納是我們的強項。讀完厚厚一本書之後，我們可能會說這本書其實可以用一句話來代替，就是「……………」；或者經常有人在我洋洋灑灑寫完一篇答案後，也評論：「其實一句話就可以概括的東西寫這麼長。」

　　當然，這樣的讀者，抽象思維的能力是很強的。不過這個強，既是強項也是弱點，因為歸納必然帶來資訊的減損。

把一本書縮減成一句話後，原本書中那麼多精心的構思、精到的細節、精彩的論述就全都扔掉了。哪怕是我們用一張心智圖把一本書的要點勾畫出來，也免不了會忽略很多重要、具有啟發性的東西。

所以，歸納雖是不可少的思維，但與此同時也不能把細節和血肉完全丟掉，因為這些細節和血肉也可能是智慧的凝鍊。特別是一本經典作品，往往書裡的每句話都有細細咀嚼的價值。對於這樣的經典，我們可以用「延展」的思路去想、去假設：如果我們把它放在另一個情境中、另一個問題之下，是否仍然適用，仍然精闢有理？如果是的話，那麼其實我們就發現了一個可以復用的知識或者模式，這就是讀書讀出真味來了。

3. 不只要去比較相似，還要去比較不同

我們去接受一個新的資訊，總要調用我們現有知識體系中的知識去與其對比，這種對比就是一種很好的解碼方法。但是我們常常只注意不同材料之間相似的部分，因為相似就意味著安全，意味著我們原有的認識無須更改和修正，其壞處就是我們的知識無法相應擴展，所以我們更應關注不同。

有人信奉「太陽底下無新鮮事」，可在我看來，「太陽

底下盡是新鮮事」。這裡就拿徐皓峰對《臥虎藏龍》的解碼
來舉例，隨便摘選幾段：

　　李慕白出現的第一個鏡頭是平靜地沿著水道行走，這是
胡金銓的標誌，這是文人的出場而不是大俠的出場。一般武
打片的人物出場動靜都很大，不是飛就是跑，徐克電影都是
這樣。

又如：

　　影片的第一個建築空間是鏢局，同是表現深宅大院，李
安和張藝謀全然不同。張藝謀的宅院不管有多廣闊，也依然
顯得擁擠，後景的色彩也很刺眼，頻用長焦鏡頭，所以前後
擠在一起，消滅空間，因為他本要表現壓抑，追求窒息感。
而李安的構圖，注意了建築本有的對稱均衡，色彩清淡，後
景自然地暗濛濛一片，表現了「中空」感，呼吸順暢。……
　　……胡金銓的竹林打鬥借鑒了日本劍俠片，氣氛嚴峻，
對峙時完全是日本風格，打鬥時的剪接技巧又超越了日本片
的實戰性，開掘出跳躍、飛落的技巧，對動作性極盡渲染。
胡的竹林純粹是異能奇技，而李安的竹林是在談戀愛。甄子

丹、袁和平都抱怨李安的竹林動作欠佳，因為作為武術設計師，腦海中只有動作，而李安是以拍接吻戲的方法來拍武打戲的。

　　這三段文字，我們細細觀察，就會發現，徐皓峰對《臥》的解碼，一大招數就是對比橫向的不同。第一段，是比較《臥》和徐克電影的不同；第二段，是比較《臥》和張藝謀電影的不同；第三段，是比較《臥》和胡金銓電影的不同。

　　不同才有知識，才有新意，才有新的發現，這正應了法國大科學家亨利・龐加萊（Jules Henri Poincare）在《科學與方法》中的一句話：「我們不去尋求相似，我們應該要全力找出差別，在差別中我們首先應該選擇最先被強調的東西，這不僅因為它們最為引人注目，而且因為它們最富有啟發性。」

　　這，大概就是解碼的要法了。

03

技能，才是學習的終點
—— 你能夠調用的知識有多少？

最有效的學習方式：做中學

　　一位教授心理學的老師曾經一再對我們強調一個重要的學習方法——做中學（Learning by doing），並說，心理學在學習領域可成定論的東西不多，但毋庸置疑，「做中學」它一定是最有效的方法。

　　在我個人的學習中，我也把這個方法當作學習最重要的一環，並且是學習真正為我所用的一步。當然並不是說所有的學習都要「做中學」，有些領域本來就適合「做中學」，而另一些實施起來就會比較難。比如學習辦公軟體、畫圖軟體等，學習就是實踐，邊用邊摸索，用著用著就學會了，肯定比只抱著一本書啃好得多。

　　遊戲為我們如何更好學習提供了很好的借鑑。雖然遊戲上手必然要經歷一個熟悉故事背景、掌握基本操作和形成遊

戲策略的學習過程，但「學習」一款遊戲的感覺一般都不明顯，因為這個過程往往被巧妙地設計成了一系列循序漸進的任務和挑戰，這樣玩家在玩的過程中不知不覺就學會了。同時遊戲的天然優勢也讓學習變得自然而有趣：

1. 調用多種感官的即時回饋。

2. 動態多變的情境和挑戰避免單調枯燥。

3. 與玩家學習曲線動態搭配的挑戰難度，讓玩家既不會因挑戰過難而嚴重受挫，也不會因為過於簡單而失去興味。

我們會發現，在課堂教學中，一個好的老師在他們的教學中或多或少也會表現出上面三個特點，比如多媒體和多樣化教具的使用，比如為學生提供豐富的類比練習，又比如根據學生的掌握程度來調整測試的難度。

但是在自學過程中，學習者必須獨自面對學習的挑戰，並且，每一個學習者或多或少都是一個自學者，所以脫離了遊戲的條件，脫離了課堂教學的條件，我們如何才能夠「做中學」，如何才能透過積極的操練來優化我們學習的效果，就成了一個重要的課題。

我想先傳遞給大家一個基本的學習理念，那就是：「你掌握了多少知識，並不取決於你記憶了多少知識以及知識的關聯，而是取決於你能調用多少知識以及知識關聯。」人的

長期記憶儲存並非像硬碟一樣可以直接複製貼上，不是說我們記住了多少知識，當我們提取時，就能原封不動地把它們提取出來。

認知心理學已有大量研究表明，記憶提取的操作其實起到了「記憶修改器」（Memory modifier）的作用，一個曾經被調用過的知識，和從未被調用過的知識相比，在今後更有可能被再次調用。

法國教育學家安德烈‧吉歐丹（André Giordan）提出了「變構學習模型」（Allosteric learning model）：「構成學習者思維獨特性的並非是他所錄入的觀點序列，而是他有能力啟動和調用的關聯。」此外，心理學家丹尼爾‧威靈漢（Daniel Willingham）在《為什麼學生不喜歡上學：認知心理學家解開大腦學習的運作結構，原來大腦喜歡這樣學》中分析說，反覆練習的價值在於使某些認知活動可以自動化進行，從而為思考時所用的工作記憶騰出寶貴的空間，以用於更具策略性的活動。

關於練習在學習中的價值，一個更直接的證據來自鄧洛斯基（Dunlosky）等多名心理學家於 2013 年發表的一篇文獻綜述。這項研究整合分析了約四百篇學習心理學領域的論文，對教育界常用的十種學習方法的有效性進行了評定，發

現以練習為主導的方法是通用有效性最高的（表 4-1）：

表 **4-1**　學習方法與吸收有效性之比較

方法名稱	方法描述	有效性
測試練習	指非用於考評、開學的練習性測試	高
分散練習	在較長時間內使用較長間隔的分布式訓練	高
交錯練習	混合不同類型問題或廣泛知識的練習	中
細緻追問	對事實或知識的深層原因追問	中
自我闡釋	對學習過程或問題解決的過程進行自我闡釋	中
概括	對學習內容進行概括	低
標記重點	閱讀時對重要內容畫線標記	低
關鍵詞記憶術	對語音資料進行想像的關聯記憶	低
圖像化記憶術	將文本資料想像成圖像以輔助學習	低
重複閱讀	再次閱讀學習資料	低

資料來源：Dunlosky J., Rawson K., Marsh E., et al. Improving students' learning with effective learning techniques: Promising directions from cognitive and educational psychology. Psychological Science in the Public Interest. January 2013. Vol.14. no.14-58.

把知識當成一項技能操練

對很多學習者來說，他們的主要問題不是不願操練、不肯操練，而是不知道如何操練。如果學打籃球，顯然每一次投籃都是練習，可是如果學的是歷史，想成為歷史學家又沒有老師出題來考我，我該如何操練呢？於是我們又回到上面提出的一個關鍵問題——在大多數知識性領域，自學者如何操練？對此，我想再提出一個重要的學習理念，就是「把知識當成一項技能來學習」。

求知分為三個層級：訊息、知識和技能。最差的學習者只接收訊息，貪多求廣；好一點的學習者看重知識，以記憶為目標；高手磨練技能，只求日日精進。訊息、知識和技能本不衝突，只不過技能是終點，前兩者是邁向這個終點的路與橋。

寫作是一種技能、玩牌是一種技能、炒股是一種技能、表演是一種技能、歌唱是一種技能、創意是一種技能、設計是一種技能、說服是一種技能、解題是一種技能、思考也是一種技能……這些技能都跟學習緊密相關，都離不開訊息和知識，但又遠遠不止於此。獲得技能也就意味著你擁有了改變世界的能力，哪怕一開始這種能力非常弱小。

　　不管我們想學或者正在學的是哪一個領域的知識，我們都可以想一想，如何不把它當成是一種靜態、安安靜靜躺在書本裡的東西，而是把它當成一種動態的、可運用的、可以用來完成某件事情的技能。就拿我學的心理學為例，心理學課本裡的很多理論，如果我們僅僅只是理解和背誦，那它們只是靜態的知識。實際上當我們在考試默寫答案的時候，它們真的只是死沉沉的知識，但是，如果我們想到怎麼使用它們，它們就有可能變成一種技能。比如心理學的知識其實可以變成一種思考框架，成為觀察事物的一種特殊視角，但是要具備這樣的意識真的很不容易。

　　我的一位心理學老師曾在課堂上回憶說，當年他博士畢業後留校工作，暑假時在為第一次上臺講課而備課的時候，突然頓悟：「自己其實不懂心理學！」當時教室裡的我們都聽得驚呆了，大家都感覺莫名其妙——怎麼可能一個人學了九年的心理學，拿了心理學的博士學位，到頭來發現不懂心理學，感覺既荒誕又幻滅！

　　許多年後，我也拿到了心理學的博士學位，並且在工業界就職，我才終於理解了多年前這位老師的話。我們在學校裡的學習，大多是循規蹈矩的被動式學習，我們對待心理學的知識只是滿足於理解和記憶的層面。

　　確實我們會做學術研究，並在其中進行深入的思考，但是這種思考仍舊有很大的局限性，它們不是從理論到理論，就是從方法到方法，我們沒有從眼前跳脫出另一個層次，去反思這些知識的深層價值，沒有去思考這些知識和我們自己的生活和思想的關聯。一旦我們被逼到一個應用的情境中去重新審視這些知識，比如那位老師必須深入淺出地向同學們闡釋原理，或者我在公司裡不得不去思考如何把這些知識應用於工作時，我們才會突然發現，這些知識可以這樣去運用，有可能發揮這麼大的效力……

知識操練的三種方法

　　對於知識的操練並非全無章法可循，在「知識技能化」的理念之下，我們至少可以嘗試以下三種知識操練的方法：

▍寫作式操練

　　寫作是一種典型的知識建構，或者更準確地說是一種對知識的重構活動。在閱讀時，我們對資訊的理解和納入常常滿足於從一個「淺表」的層面去理解它們（這也是為什麼我在上一章裡花那麼多篇幅去談「解碼」的重要性）。但是在

寫作時，也就是進行資訊輸出的時候，我們必須去分析知識的「深層結構」，觀察和調用知識與知識之間的深層關聯，不然我們無法自如地將這些知識組織起來。一篇文章要被人讀懂、要說服他人，需要縝密的思維、清晰的表達和翔實的依據，這些都要求我們對知識的編碼和組織達到某種程度的水準才行。

除了更深層的理解，寫作帶來的另一個明顯的益處是獲得回饋。尤其在網路時代，你可以在任何地方發表你的文章，然後得到其他人對你的評論，這些評論中可能蘊含著一些很有價值的東西，比如指出你某個知識性的錯誤或者想法上的局限性，或者認知上的某一個盲點。

在心理學家看來，練習是「獲得回饋」最重要的原則，如果沒有回饋，你在練習時發生的錯漏自己無法察覺，導致你無法去校正，那麼做再多的練習又有什麼用呢？所以對操練來說，最關鍵的一點是獲得高品質的回饋。像競技體育、音樂等領域，學習者能得到高水準老師長年累月的指導，但是在另外一些領域，學習者並不具備這樣的條件，他們常常只能依靠自學。可自學要怎麼獲得這些回饋呢？這就需要一些小技巧。

一個方法是找一個與自己水準相當或略高於自己的「寫

作同伴」（Peer writer），在完成自己作品的初稿之後，首先從寫作同伴那裡獲得專業的回饋，接著修改完善，兩人便可以互相切磋共同進步。就像過去的求學者，沒有網路的時候，他們獲得回饋的方式就是建立一個交流的圈子或者沙龍，定期在一起討論問題。

　　還有一個方法是把經典作品當成老師，讓它們來給予自己回饋。在這個方面，完全靠自學成才的大學者王雲五先生有很多心得。比如他學習英文寫作的方法是這樣的：找到一篇英文的名家佳作，熟讀幾次以後，把它翻譯成中文，等過了一星期之後，再依據中文反過來翻譯成英文，這期間絕不查閱英語原文。譯完後再與原文比對，找出自己翻譯的錯誤、失誤和不夠精良之處。這種方法就像把英文名家當成了自己的老師，並可以從他們那裡得到針對性的回饋，而這種回饋的品質是非常高的。如此反覆練習，王雲五練就了扎實的英文功夫。

▌遊戲式操練

　　荷蘭文化史家約翰・赫伊津哈（Johan Huizinga）所著的《遊戲的人》對文化歷史中遊戲的本質進行了深入的剖析。他說遊戲的根本特徵是「假裝相信」，因為遊戲創造了一個

獨立於現實生活之外的假想世界，有其獨有的規則和秩序，而遊戲的參與者則自願、自主地「假裝相信」自己進入了這個構造出來的世界。這種「假裝相信」使得人們完全投入其中，乃至扮演其中的角色，他們沉浸在這個世界裡，遵守這個世界的規則，主動維護這個世界的秩序。

如果我們把對知識的操練當成一種遊戲，那麼這種操練就會具有相當高的參與性、互動性和投入性，同時它擺脫了現實規則的制約，使我們可能在更豐富多樣的情境下去應用我們的知識。

廣義地講，棋牌就是一種思維的操練，例如很多人小時候都玩過二十四點[2]來訓練自己心算能力的經驗。還有像《大航海時代》這樣的遊戲，可以讓我們在遊戲的世界裡斬獲豐富的地理和文化知識；《富爸爸，窮爸爸》的作者羅伯特・清崎推出的現金流遊戲據說可以有效提升玩家的理財能力，而更奇妙的例子可以在《生活大爆炸》這部美劇中找到。

在某一集中，Sheldon 和女友 Amy 玩了一個「反事實遊戲」，這種遊戲是這樣的：提問者提出一個非常不可思議的假想情況，然後要求回答者根據相關的知識進行想像和推理

---

2 二十四點：從撲克牌的 48 張數字牌中抽取四張，運用四則運算得出數字總合為 24 的撲克牌益智類遊戲，例如：(1+10)×3-9=24。

後得出答案。舉個劇中的例子：

　　問題：在一個犀牛被當作寵物養的世界中，誰將贏得第二次世界大戰？

　　答案：烏干達。

　　理由：肯亞會因出口犀牛而崛起，在中非成為一個強大的政權，並殖民統治北非和歐洲，戰爭爆發後，誰也負擔不起養犀牛的這份奢侈，肯亞衰老，烏干達崛起。

　　上面的例子看似荒誕，實際上仔細辨析，還是有幾分道理，因為它和「二戰」的真實歷史有「深層結構」上的相似，回答者必須運用教育心理學中非常重要的「知識遷移」的技能才能給出解答。哪怕在一人獨處的狀態下，也可以玩這種遊戲式的知識操練，即「思想實驗」，人類歷史上很多智者都是這麼做的。

　　思想實驗就是構造一個現實中並不存在的假想情境，然後運用所學的知識，來設想事物在這個情境中的變化。在這樣的操練中，思考者往往會得到比原先更為深刻的洞見。

設計式操練

所謂設計式操練就是調用已有的知識，設計某一種解決方案，來解決某個特定的問題。

「設計」有一個非常流行的定義：設計就是解決問題。因此設計式操練的好處就是迫使學習者為了解決某一個現實的問題，綜合性、創造性地調用知識。根據表 4-1，「交錯練習」（Interleaved practice）也是一種不錯的學習方法，而設計對知識的調用往往是交錯式的。

正如《形式綜合論》一書中所說，設計常常牽涉各方面的因素影響，一個好的設計方案必須考慮到所有這些影響因素，要做到這一點，這時就必須調用理解和控制這些因素的知識。而在設計中，當我們發現缺少某方面必需的知識時，又會反過來觸發我們對這些知識的學習。

例如，大學生機器人競賽其實就是一個非常好的提升個人知識和能力的方式，美國太空總署（NASA）甚至長期和美國高中的機器人團隊展開合作，NASA 認為，透過這種合作，可以使一些學生最終成為「下一代機器人研發工作組中的一員」。

理想的情況是，當我們準備對所學知識進行設計式操練時有一套現成的理想工具，就像孩子們玩樂高玩具一樣（事

實上基於樂高的操練可以非常複雜，甚至可以做出可程式設計的智慧型機器人）。麻省理工學院媒體實驗室的密契爾·瑞斯尼克（Mitchl Resnick）教授就有這樣的觀點，他認為，即便是成年人的學習也應該有比較好的練習工具並且致力於這類工具的開發。他提出了一個著名的學習螺旋（Learning spiral）模型，認為創造性的學習是想像、創造、遊戲、分享、反思和想像的螺旋式循環。

總之，知識的操練既是一種調用和提取，也是一種主動的建構，更是一種創造性的綜合，它是深度學習過程中必不可少的一環。知識的操練迫使我們對已有的知識進行更加深入的審視，對現實的情境和問題進行更加細微的觀察，並且致力於創造兩者之間的關聯。它使我們不再固守書本，不再去僵化記憶，而是讓我們賦予知識以靈性，以更好地適應這個變化莫測的世界。

04

分離的知識，難以解答真正的現實
—— 讓不同的知識發生化學作用

　　一個高水準的學習者相當善於在所學的知識之間創造關聯，而一個普通的學習者頭腦中的知識不過是課程所學的知識體系的映射。這種映射就像一棵樹，每一片葉子都是分散而獨立的，雖然它們分別與更上一級的枝椏連接著，但葉子與葉子之間不存在思想的聯通。

　　可是現實中，問題的發生和解決並不像教科書每個章節後的習題一樣，恪守學術體系下的知識譜系。對一個現實問題的解決，或者對一個現實情境的洞察，往往需要同時調用不同枝椏上的葉子，這時，缺少知識融合的弊端就會顯現。

　　學習高手常常會有意識地把不同領域甚至不同學科的知識擺放在一起，然後嘗試去分析、比對它們的潛在關聯，甚至當異質的素材堆疊在一起時，僅僅是潛意識的推動，就可以讓這種隱藏的關係浮出水面。

　　法國大科學家亨利・龐加萊在《科學與方法》中說，數學創造的實質，是從各種各樣的數學知識組合中找出最有價值的組合，而「最富有成果的組合常常是從相距很遠的領域所取出的要素而形成的組合」。龐加萊自己正是一位涉獵極廣的科學奇才，他的研究貢獻涵蓋數學各個領域，同時他也是一位物理學家，研究幾乎涉及物理學所有分支。

　　我們正統的教育思維並沒有對知識融合這一塊有足夠的重視，大家似乎已經習慣了這樣的思維模式：把一個大的東西分解為小的東西，再把那個小的東西進行細分。這種分解性思維的致命性缺點，就是一件事物的整體特徵以及各個部分之間的潛在關聯都完全被忽視了。

　　就像在大學裡，對原本一體世界的洞察，卻為了研究方便被劃分成很多個學科，更糟糕的是，即便在同一學科內，不同分支領域的教材出自不同專家的手筆，而對不同分支課程的講授也都由不同的教師擔任，這就導致了知識之間更加分隔。由於每位教育者只需守好自己的那一塊責任即可，所以很少有老師會主動引導學生進行「遠距離知識」間的融合思考，只有一小部分智者表達了對這個問題的關切。

　　物理學家以及哲學家戴維・玻姆（David Joseph Bohm）批判了「碎片化」（Fragmentation）這種思維方式，他在《論

對話》（*On Dialogue*）一書中寫道：「人們在思考時總是以解剖的方式來分析事物，把事物分解為各個部分。但在現實中，世界是一個不可分割的統一整體，出於方便剖析的原因，我們會分離出其中一部分。」

懷德海在《教育的目的》（*The Aims of Education*）中更是直言不諱地寫道：「我極力主張的解決方法是，要根除各科目之間那種致命的分離狀況，因為它扼殺了現代課程的生命力。教育只有一個主題，那就是五彩繽紛的生活，但我們沒有向學生展現生活這個獨特的統一體。」

當代最激烈且影響最大的批評聲音恐怕來自投資思想家查理・芒格了，他把那種只會用單一學科知識思考的人稱為「鐵錘人」，因為當你手裡只有一把鐵錘的時候，看什麼東西都是釘子，因此，也就失去了基於事實的判斷力。而只有廣泛涉獵不同學科的知識，把這些學科中的基本理論變成用以觀察和分析現實物件的思維模型，大抵才能避免思維上的偏差和狹隘。他認為，這種多學科模型的方法，可以產生一種爆炸性的合力效應，讓人獲得不同尋常的智慧。

將原本獨立或者疏遠的知識加以融合，從融合方式上來看，有遷移、印證和互補三類。如果我們在平時的閱讀中稍加注意就會發現，古今中外的許多智者，常從這三類融合中

獲得啟發，甚至生成新的思想或者發現。

▎遷移

英國生物化學家伯納德・布羅迪（Bernard B. Brodie）博士被譽為藥物代謝之父，他發明了可以判斷血液中藥物濃度的甲基橙滴定技術，這是一項極為突出的貢獻。

事情發生在「二戰」期間，1942 年 3 月，日軍占領了荷屬東印度群島（現印尼），這對美軍是沉重一擊。因為當時治療瘧疾的標準藥物奎寧全部來自東印度群島的金雞納樹樹皮，失去了奎寧的供應，使得美軍陷入了瘧疾的困擾之中，戰鬥力和士氣大受影響，於是美國國內的許多醫學研究機構立即承擔起了尋找治療瘧疾替代藥物的緊急研究任務。

布羅迪小組的任務是檢驗南美另一種金雞納樹樹皮的治療效果，這種樹皮含有四種生物鹼物質，一種就是奎寧，但含量遠遠低於東印度群島的金雞納樹，另外三種中，有兩種物質無法用傳統方法滴定其在血漿中的濃度。

面對這個難題，布羅迪來到了曼哈頓的中央圖書館遍查文獻，連查了三、四天卻一無所獲。之後他讀到了德國紡織業的染料文獻，恍然大悟：「能否幫化合物染色，然後利用其在溶液中的色度來滴定其濃度呢？」於是，他立刻聯繫藥

店和化學品商店，訂購了幾百種染料，然後逐一試驗，但用這些買來的染料所進行的試驗都失敗了。

他偶然想到，實驗室經常使用的甲基橙試劑也是一種染料，於是嘗試了一下，結果大獲成功。1947 年，布羅迪在《生物化學學報》上一連發表了六篇有關甲基橙滴定技術的論文，引發了藥理學的革命。而它的起點，正是將兩個原本不相關的領域融合起來——染料知識向藥理學領域的遷移。

這裡我們不妨做一個思維實驗，假設兩種情況：

1. 如果布羅迪在圖書館沒有發現染料文獻呢？也許藥理學的這一方法革新可能就要推後好幾年，甚至「二戰」的進程都可能受到影響。

2. 如果布羅迪涉獵廣泛，原本頭腦中就有染料相關的知識呢？也許他根本不用去圖書館，立刻就能解決這個難題。

可以說，布羅迪在圖書館發現染料文獻純粹是偶然，但在醫學領域還有無數個這樣的難題等待科學家去解決，他們恐怕就沒有布羅迪那樣的好運氣了。也許事實真是這樣，由於多年專業教育塑造的知識壁壘，大多數醫學研究者缺乏足夠的知識廣度，跨學科的知識遷移自然無從談起，這可能是導致很多醫學難題長期無法解決或者無甚進展的原因之一。

在學術機構裡，再聰明的人，也可能受制於其專業壁壘，

無法看到外面更大的知識疆域，而在實踐領域則相反，人們更容易融會貫通看待問題。一個大家比較熟悉的例子是《駭客與畫家》（*Hackers Painters: Big Ideas from the Computer Age*）的作者保羅·格雷厄姆（Paul Graham）。這位著名的駭客兼創業導師在書中對程式設計和繪畫這兩種創造性活動的相似性進行了完美的論述，少時學畫的經驗被遷移到了他學習程式設計的過程中，使他對程式設計有了全新而深刻的認識：

　　1. 畫家學畫的方法是動手去畫，而駭客學習程式設計的方法也是在實踐中學習。保羅初學程式設計時還抱著書讀，不過隨後就放棄了，直接動手去做。

　　2. 畫家學畫必須要臨摹，從大師的作品中進行學習，美術博物館便是他們最好的學校。而駭客則是透過觀看優秀的程式來學習程式設計，研究它們的原始碼，開源社區是他們最好的學校。

　　3. 一幅畫是逐步完成的，先畫輪廓、草圖，然後填入細節，一步步臻於完美。在這一啟發下，保羅領悟到「程式設計語言的首要特點是允許動態擴展（Malleable）。程式設計語言是用來幫助思考程式的，而不是用來表達你已經想好的程式。它應該是一支鉛筆，而不是一支鋼筆」。因此在程式設計中，過早最佳化（Premature optimization）是一件非常危

險的事情。

　　想像一下，電腦程式設計和繪畫，一個是抽象思維，另一個是形象思維，在常人眼中，根本不可能聯想在一起，而格雷厄姆卻找到了兩者之間深層的關聯，且說得有理有據，讓人信服。

▌印證

　　如果說遷移式融合引起啟迪思維的作用，那麼印證式遷移則可以幫助人探索規律。

　　龐加萊在《科學與方法》中，用自省的方法記錄了某一次的數學發現之旅。這個過程的第一個階段，是有意識的思考階段，龐加萊連續十五天獨自一人坐在辦公桌前，對如何證明富克斯函數（即自守式）不存在而苦思冥想，最後意識到一類富克斯函數是存在的，來源於超幾何級數。第二階段，龐加萊離開了住處，參加了地質考察旅行，沿途的風景讓人心曠神怡，然而在踩上馬車的一瞬間，他突發靈感，找到了一個重大突破：把富克斯函數的變換等價於非歐幾里得幾何的變換。隨後，他轉而研究了一些算術問題，沒有進展後去海邊度假了幾天，在懸崖旁散步時，他突然想到，可以把不定三元二次型的算術變換等價於非歐幾里得幾何的變換。第

三階段，他又回到了辦公桌前，對這個問題發起了總攻，勢如破竹地完成了最終的證明。

可以看到，這是一個「意識─潛意識─意識」相互交替的過程，在這個過程中，關鍵的突破是找到了不同數學分支知識的組合。龐加萊自己分析到，潛意識的發揮並非平白無故產生的，而是有賴於在此之前，已經有足夠的有意識思考。這種思考的作用，是啟動了很多知識的「原子」，為潛意識階段的思考提供素材，然後在潛意識階段，這些原子就自發進行碰撞，在腦中快速組建各種各樣的組合，並且這些組合相互競爭，直到最佳的組合自動湧現出來，浮現到大腦的意識層面。

有意思的是，龐加萊的這種經歷，在臺灣戲劇大師賴聲川那裡也得到了印證。在《賴聲川的創意學》一書中，賴聲川先生回憶了自己找到《如夢之夢》創作靈感的經歷。這個經歷實際上是一連串看似無關的事件連點成線：在羅馬參觀畫展注意到一幅老彼得・布勒哲爾的畫作、在臺北藝術大學準備和學生共同創作一部新戲、在法國一座古城堡看到了一位已逝外交官的銅像、看到新聞裡找到了倫敦火車相撞事故中原先被認定死亡的倖存者、在報紙上看到有關無法診斷的致死疾病報導、在印度旅行時讀《西藏生死書》瞭解到一種

臨終病人向他人講述自己故事的習俗……這些被觀察並留存於心的細節，突然在一瞬間產生了奇妙的「組合」，在經過了巧妙的連綴之後，組成了一個完整的故事架構，最後便誕生了《如夢之夢》這一佳作。

想像一下，在這「小火慢燉」的靈感誕生過程中，如果上面列舉的各個經歷缺失了一樣，那就很有可能不會有《如夢之夢》這一作品了。這和龐加萊的結論類似，所謂靈感，所謂潛意識的思考，並非平白無故產生的，而是有賴於思考者已經擁有了豐富、充足、多元的思考材料，潛意識的作用是借用其強大的平行計算能力把這些思考材料進行各種組合。可以說，你在靈感醞釀之前所做的素材準備工作越是充分，那麼獲得創造性成果的機率就越大。

在這兩個例子中我們可以看到，來自數學和戲劇兩個完全不同領域的知識印證式的融合，使我們找到了也許具有廣泛適用性的交替運用意識和潛意識進行創造性思考的方法。

▍互補

互補式的知識融合，是指我們可以對同一個議題，找到完全不同的視角論述，把它們綜合在一起，就可以得到對這一議題比較全面和深入的認識。例如，對於「為什麼創業可

以產生更大的價值」這一話題，我們可以綜合科技產品創業和藝術品創業兩個不同領域的觀點。

關於科技產品創業，《駭客與畫家》中的闡述已然非常精彩。格雷厄姆認為，創業的價值在於可測量性和可放大性兩個方面：

1. 可測量性：與在公司打工相比，自己創業產生的價值更大，是因為在公司個人工作產生的價值被大幅壓縮了。在大公司裡，個人的績效無法被真實且有效地評估，公司更傾向於以一種平均化的方式提供員工報酬。

2. 可放大性：個人在大公司裡的貢獻不具有可放大性，因為通常只能以「計時」或「計件」的方式來獲取報酬。技術創業之所以能產生價值，是因為它「發現了一種做事的新方式，它的經濟價值就取決於有多少人使用這種新方式」。如果你的生意是做蛋餅，那麼做一份只能賺一份的錢，但是如果你解決的是一個熱門的技術難題，讓很多人受益，就形成了放大性。

我們再來看看藝術創業領域的觀點，其代表是日本藝術家村上隆寫的《藝術創業論》：

村上隆一方面批評了日本美術界的現狀，他說日本的美術大學不會教學生如何謀生，學美術的人大多數是靠教學生

來賺錢，而不是靠出售自己的作品賺錢。於是，學生變成老師，老師再培育學生，構成了一個「封閉性循環」。

這種美術才能沒有在市場的波濤裡檢驗其價值的現狀，其實頗符合格雷厄姆提出的「可測量性」。就像格雷厄姆提出在公司的工作不可測量，而自己創業的價值更具可測量性，從事美術教育，個人的美術才能價值是不可測量的，只有透過創作藝術作品與市場互動，價值才能被測量，才能才有不斷更新和突破的可能。

村上隆又指出，一個藝術作品要能賣出好價錢，關鍵是「透過作品，創造出世界藝術史的脈絡」，也就是說，「從該作品之後，是否開創了新的歷史」。對一個藝術作品來說，一方面它要找到進入世界藝術史的入口，能夠被藝術界包括評論家們理解和評論；另一方面它又要有所突破，甚至顛覆原有的觀念。根本來說，一幅畫作的價值不在於它的線條、顏色、構圖，而在於其背後所展現出的「觀念」，藝術品的價值就是觀念的價值。

如果我們用格雷厄姆的「可放大性」觀點來補充村上隆的觀點，就可以更完整地理解藝術市場。為什麼安迪·沃荷的波普藝術、杜尚的小便池、達米恩·赫斯特的裝置藝術這些既日常又詭異的東西會如此被人推崇？因為它們都可以

引起爭議，既有肯定的聲音也有非常龐大的反對和質疑的聲音，這種爭論使一種新的顛覆性觀念得以傳播、放大，顛覆了很多人原本對藝術的理解，從而產生更大的價值。

同時在另一個方面，村上隆的觀點又是對格雷厄姆的觀點的有力補充。格雷厄姆所理解的價值只是「難題解決」，一個小團隊用其先進的技術解決了人們普遍面臨的問題，所以創造了價值。但除此之外，我們還發現，像 iPhone 的發明並不是解決了什麼難題，而是讓大家驚訝地發現原來我們和電子產品可以以這樣一種方式來互動！是一種觀念的顛覆。所以村上隆提出的「價值體現在觀念的更新」的觀點，即便對科技創業也有非常大的啟示。

從上面所舉的三種融合類型中可以看出，將知識進行融合的關鍵，是能夠洞察出知識背後的「深層結構」。在表面上不相關的知識的背後，我們可以發現它們潛在的相似性、互補性和啟發性，找到知識與知識間隱含的聯繫。最後，我想引用諾貝爾化學獎得主同時也是一位詩人的羅德・霍夫曼（Roald Hoffmann）的一段話，他用「變形蟲」來比喻我們從不同視角探索世界的過程：

我所做的工作特點像變形蟲：我在探究化學世界的不同部分。……我所研究的各種問題，就像變形蟲的偽足一樣從不同的方向伸出來。基於此，我就有了一個關於電子在分子中怎樣運動的理論框架——分子軌道理論。

我也相信，世上的每一事物都與其他事物相聯繫，只要我伸出足量的偽足，這些偽足就會伸入某一事物，透過該事物能理解所有的事物。由於從不同的方向出發，我敢保證，我沒把自己鎖定在一系列化合物內，而是被迫考察不同事物之間的關係。我認為美存在於自然界的複雜性之中。

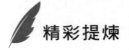

精彩提煉

◆ 學習應該以學習者心中的問題為中心，讓問題引導著我們去探求答案。

◆ 提出問題需要基於已有的知識體系，並透過問題將新舊知識串聯起來。

◆ 透過深入事物內部的解碼，我們可以發現事物深厚的內涵，有機會掌握其中精巧細微的技法，不斷重建自己的知識體系。

◆ 掌握了多少知識，並不取決於記憶了多少知識以及知識的關聯，而是取決於能調用多少知識以及知識關聯。

◆ 求知分為三個層級：訊息、知識和技能。技能是學習的終點，訊息和知識是邁向這個終點的路與橋。

◆ 對一個現實問題的解決，或者對一個現實情境的洞察，往往需要同時調用不同知識譜系上的知識。

◆ 學會有意識地去分析不同領域知識之間的潛在關聯，透過不同知識的遷移、印證、互補，獲得啟發，甚至生成新的思想或者發現。

實踐練習

↻ 從問題開始

1. 請寫下一個最近一直困惑你的問題：

_____

_____

_____

2. 你已有的觀點是什麼？內心還存在哪些未解的疑問？

3. 請你尋找一個或一套關於這個問題的經典材料（包括人）進行學習。

↻ 解碼與融合

1. 關於這個問題，該材料的觀點是什麼？

2. 你認同其中的哪些觀點？對你有什麼啟示？

3. 作者是如何去論證並得出他的觀點的？

4. 這個觀點，在哪些情況下適用，哪些情況下可能不適用？

5. 這個觀點可以遷移到哪些不同的領域？

6. 還有其他不同領域的知識同樣可以印證這個觀點嗎？

7. 材料中是否有你所不認同的觀點，為什麼？

↻ 學以致用

1. 以最初問題為中心，寫一篇關於該材料的學習心得，
   然後將其分享到相關的平臺（如網路）或分享給老師、
   同行，並根據他們的回饋對你的寫作進行修改、完善。

2. 請根據你最初的問題設計一個情境，用你學到的知識
   進行解決。

第五章
向未知的無限逼近

人的大腦既是有限的，
也是無限的。

01

大腦需要「斷捨離」

——簡化，是清晰思考的前提

　　眾聲喧嘩。我們每天要面對各種沒有價值和沒有意義的資訊，它們或是無病呻吟、矯揉造作，或是充滿了陳詞濫調。在這些資訊日復一日的沖刷之下，我們漸漸失去了辨別和篩選精華資訊的能力，我們主動或者被動地關注了太多與我們沒什麼關係的人、事、物，這些東西塞滿我們的頭腦，干擾著我們的思考和記憶。

　　簡化是清晰思考的前提，把原本繁複的內容梳理、整合、精簡完成後，我們的頭腦才能騰出空間，處理其他的資訊和進行更複雜、更精微的思考。

　　簡化思維意味著我們既要簡化外界輸入的資訊，也要簡化我們表達出來的資訊，更要簡化我們一直思考著的資訊。

如何過濾沒有價值的資訊？

科技觀察家克雷・薛基（Clay Shirky）說，資訊超載不是因為資訊太多，而是我們的「篩檢程式」失效了，所以簡化外界輸入資訊的前提是修好我們的「篩檢程式」。

關於這個問題，我在討論時間的那章中介紹了「時間之尺」的方法，在討論學習的那章中介紹了用問題來篩選資訊的方法，這些都是接近問題根源的回答。除此之外，我還有一些實用的建議：

▋精選可信賴的資訊源

要過濾出好的資訊，首先要找到好的資訊源。好的資訊源具有好的「資訊品味」：它們往往有確定的內容主題和範圍，專注於某個領域；它們能一直提供高品質、具有深度的內容，寧缺毋濫；它們能提供獨家的資訊，絕不隨聲附和；它們能獲得所在領域內多位資深專家的推薦；它們可能也會推播一些行銷性的內容，但一定會有所節制，不會誇大其詞；另外，經過協力廠商審核或者擔負法律責任的內容也是較為可信的，比如學術期刊論文、上市公司的年報、統計年鑑等，這些都是我們辨別可信賴資訊源的參考指標。

　　當然，較為可信不等於全部可信。即便是論文、年報等也存在隱瞞資訊、資料作假等可能，我只是說，從機率上講，這類資料可信度更大一點，但即便如此，也需以存疑的態度去考察，所謂盡信書不如無書。

　　要想獲得更可信的知識，有一個思維工具，叫作三角驗證法（Triangulation）。三角驗證法源自社會科學研究，是在說如果能從多種不同的研究方法或者多個不同的獨立資訊管道得出相同的結論，那麼這個結論才是較為可信的。

　　在日常生活中，我們經常會受到他人觀點的影響，卻沒有考慮到這些觀點是否來自多個獨立的資訊源。你可以想一想，輕信是怎麼發生的，朋友老王告訴了你一件事，朋友老張也告訴了你同一件事，然後你就相信了，你會想，老王和老張都這麼說了，不會有錯吧，但是你沒有想到，老王和老張的話都是從老趙那裡聽來的，來自同一個管道，所以老王和老張根本不是獨立的資訊源。

　　所以我們在獲取資訊時，既要考慮資訊管道是否有較高的可信度，也要考慮這些資訊管道是否相互獨立，如果你有很多資訊管道，但是它們本質上來自同一個源頭，那麼不妨大幅刪減掉一些，保留其小部分就可以了。

▍不追逐當下流行或過熱的資訊

疏離流行或過熱的資訊，可以屏蔽掉大部分雜訊。網路上的熱門話題多半是人為製造的行銷性話題，透過迎合人們的獵奇心態來博取眼球，這些內容通常沒有關注的必要。還有很多看起來很重大的事件諸如節慶、儀式、比賽、活動等，除了那些與你愛好相關的，大多數也與你沒什麼關係，它們如同盛大華麗的焰火，使人群興奮喧鬧，隨後就歸於平靜。

著名的廣告創意家史蒂夫・哈里森（Steve Harrison）說，他非常反感那些以參加廣告比賽拿獎為目標的創意團隊，因為他們會追逐某些「時興的套路」，跟風、從眾，因此，要想變得更有創意，就得把《坎城國際廣告節獲獎作品年刊》之類的書扔掉。

▍重事實資訊，輕觀點和評論

事實資訊是我們思考的基礎材料，而各種觀點和評論雖然有時會帶給我們啟發，但也會牽引我們的頭腦，把我們搞得暈頭轉向。在網路上，任何人都可以發表觀點。一個人可以洋洋灑灑寫下一大篇，不過是為了反覆強調一個膚淺或者錯誤的觀點，而要辨識它們，又要耗費我們大量的時間。相反地，主動搜集和獲取事實性材料就很有必要，以這些事實

性內容為基礎，我們可以獨立思考，形成自己的獨特觀點。

　　事實資訊既包括基於大樣本調查得到的資料，也包括深入、富含細節的描述性資訊，我們獲得的事實資訊越全面、深入，我們的觀點就越可能完備、準確。

　　實際上，在批判性思維（Critical thinking）中，區分事實和觀點是基本的要求。我舉個例子，現在網路上有一篇文章〈寫給女駕駛的幾個行車建議〉，裡面的內容寫的都是非常基本的行車安全常識，除了不要穿高跟鞋之外，其他各點對於男、女駕駛都是適用的，可是為什麼標題裡偏偏要寫「女駕駛」呢？

　　原因無外乎現在社會上對於女駕駛另有看法，認為女駕駛的駕駛技術就是比男駕駛差一點，甚至把女駕駛當成了馬路殺手。那麼請問，「女駕駛不太會開車」到底是事實還是觀點？如果你覺得是事實，就拿出嚴謹的科學研究報告出來；如果拿不出來，那就是一個觀點，而且是偏頗的觀點。但是你有發現嗎，現實中有太多的人是把這個觀點當成了事實。從資訊篩選的角度來看，這樣人云亦云的觀點當然不值得白費氣力去關注。

▍定期閉關，屏蔽外界紛擾

　　比爾‧蓋茲可能是地球上最忙碌的人之一了，多年來，他既要主持巨無霸企業微軟公司，還要負責比爾及梅琳達‧蓋茲基金會的慈善工作。可即便如此，他仍保持了一個習慣：每年抽出兩個星期的時間閉關，也就是一個人待在一個地方只看書和思考，不允許任何人因為任何事情打擾他。就好像一個飛速奔跑的人，在風雨交加、雷聲大作的森林裡，走進一座無人居住的小木屋，砰的一聲把門關上，所有的聲響被關在了屋外，世界突然安靜了，思考就此開始。

　　尋找、分辨、篩選優質資訊的能力可叫作「資訊素養」，跟我們常說的人文素養、科學素養等居於同等重要的地位。我覺得一個人提升資訊素養的關鍵在於提升自己的「資訊品味」，論到品味，自然是越高越好，正因為可獲得的資訊太多，所以眼光就要儘量挑剔一些。按照我在第二章講的有關選擇的理論，選擇的標準越高，通常選到的東西就會越加優質，對於資訊的選擇也不例外。

　　我知道有些人雖然喜歡看書，但看的總是些比較膚淺和粗糙的讀物，從來沒有涉獵過第一流的學者、作家的著作，久而久之，他們便誤以為他看的那些不入流作品就是所有書籍的上限，這樣他們去閱讀第一流作品就更無可能了。

就我自己來說，我為了避免被那些平庸之作壞了閱讀品味而儘量不去閱讀它們，這個閱讀習慣可謂從小有之。比如我在小學、中學時代從來沒有讀過「學生作文選」，我那時就意識到，一個學生拿另一個學生的作文當範例來學習寫作文是一件不太可靠的事，所謂「取法其上，得乎其中」，現當代名家的散文、雜文作品顯然是更好的選擇。

選擇資訊更好的方法，還必須考慮「資訊密度」的問題。篇幅相當的兩本書，裡面包含的有效資訊量很可能不同。有些書雖然長篇大論，但其中實質性的內容幾句話就可以講清楚，這樣的書資訊密度就很低；還有的書雖然看起來就薄薄的一本，但裡面包含的主題卻深刻而宏大，多學科的知識信手拈來，繁花似錦。

在我讀過的書裡面，史丹佛商學院教授詹姆斯·馬奇（James Gardner March）的《經驗的疆界》（The Ambiguities of Experience）、美國著名學者赫伯特·賽門（Herbert A.Simon）的《人類活動中的理性》（Reason in Human Affairs）、全球生物理論學家愛德華·威爾森（Edward Wilson）的《創造的本源》（The Origins of Creativity）等就是這樣的書。

閱讀高資訊密度的作品對自己的智力也是一個挑戰，因為很可能作者不經意的一句話裡就囊括了不同學科、不同

領域的知識，很多時候你要完全讀懂是很費力的，你只能透過上下文的串接來揣摩出作者大致表達的意思，就像用零落的碎片來拼圖一樣。這樣的書，初讀會很不適應，但正是這樣富有挑戰性的閱讀體驗，才能更有效地訓練我們的大腦。相反，如果一個人總是讀那些資訊密度很低，一個簡單意思翻來覆去講很多遍的作品，那麼他的頭腦也只能處理哪些簡單、淺顯的東西了。

　　用資訊密度的視角去看待除書本之外的其他知識媒介，也很有必要。我知道有很多人喜歡看綜藝節目，特別是現在有些綜藝節目確實製作優良，有誠意也有創意，能巧妙地把各種知識、經驗和見解以戲劇化的方式展現在螢幕前。但是略微有一點遺憾的是，若是從求知的角度來看，綜藝節目的資訊密度有點偏低。就我來說，我會選擇跟自己興趣相近的少數綜藝節目略加觀賞，但不會投入太多的時間。因為我發現相同的時間投入下，閱讀好書跟觀看好綜藝相比，還是前者的受益更大一些。當然如果你就是抱著娛樂的態度去看綜藝就不需要考慮這個問題，去看就是了。

　　剛才我談的資訊的篩選，都是從「接收」這個角度來談，而我們每個人不僅在接收資訊，也在輸出資訊。當資訊進入我們的頭腦後，我們加工、處理，然後表達出來，返還給這

個世界，這時我們就要力求簡潔地表達。用簡潔的語言表達
豐富的資訊既是一種才能，也是一種美德，簡潔的表達來自
清晰的思考，而清晰的思考又要以簡潔的表達為依託，一體
兩面。

培養簡潔的表達能力

美國恐怖小說之王史蒂芬・金永遠不會忘記讀高中時校
刊編輯古德先生對自己第一篇稿件的修改。這次修改，是他
寫作道路上學到的最重要的一課，他成長為一位傑出的小說
家就是從這一課開始的。當時少年史蒂芬已經在寫作上初顯
才華，被聘為校刊的體育記者，並採訪撰寫了一篇關於校際
籃球比賽的報導。初稿中的一段是這樣寫的：

昨晚在里斯本高中深受喜愛的體育館裡，傑・希爾斯的
隊友和粉絲都為一位運動員創造校史的精彩表現震驚不已。
身材小巧，投球精準，人送美譽「子彈鮑伯」的鮑伯・蘭森
一舉拿下 37 分。事實如此，你沒聽錯。加上他動作優雅，
速度驚人……還有一種奇怪的謙恭姿態。在他像騎士一般，
超越從朝鮮戰爭那年始里斯本運動員一直未能有所突破的紀
錄過程中，只有兩次個人犯規。

　　粗看這段話沒什麼問題，描寫也頗生動，可是古德先生竟然認為他寫得太囉唆了，並做了如下的修改：

　　昨晚在里斯本高中深受喜愛的體育館裡，傑・希爾斯的隊友和粉絲都為一位運動員創造校史的精彩表現震驚不已。~~身材小巧，投球精準，人送美譽「子彈鮑伯」的~~鮑伯・蘭森一舉拿下 37 分。~~事實如此，你沒聽錯。~~~~加上~~他動作優雅，速度驚人……還有一種奇怪的謙恭姿態。在他~~像騎士一般~~，超越~~從朝鮮戰爭那年始~~ 1953 年以來里斯本~~運動員~~球員一直未能有所突破的紀錄過程中，只有兩次個人犯規。

　　短短一段話被改動了六處，其中前四處都是直接刪除。前兩處刪除掉的都是明顯的贅語，因為作為校刊的讀者，即這所高中的師生，他們對這所學校的體育館和球星一定是非常熟悉的，根本不需要再添加修飾性的定語。第三處刪除的「加上」是典型的濫用連詞，很多句子中的非轉折性連詞是不必要的，因為讀者按語序閱讀時本就默認了句與句之間的接續或者遞進關係，刪掉連詞後句子會更緊湊。第四處刪除的「像騎士一般」也是一個多餘的修飾，這個比喻過於普通，並沒有增加額外的資訊，也沒有提升畫面感。後兩處的修改

使得表達更加具體和準確，也有了簡化行文的作用。

　　年輕的史蒂芬‧金看到了這樣的修改後，受到了很大的震撼，從此以後，他都特別注意避免使用一切多餘的詞彙，所以他的小說語言一向以簡潔、幹練著稱。在自傳性質的《史蒂芬‧金談寫作》一書中，史蒂芬‧金反覆強調簡潔的必要性，他舉了例子來解釋怎樣簡潔地表達：

　　　　「把它放下！」她叫道。

　　　　「還給我，」他哀求，「那是我的。」

　　　　「別傻了，金克爾。」烏特森說。

　　下面是三句累贅的表達：

　　　　「把它放下！」她威脅地叫道。

　　　　「還給我，」他淒慘地哀求，「那是我的。」

　　　　「別傻了，金克爾。」烏特森鄙夷地說。

　　顯然這三句加的修飾詞是多餘的，因為從對話本身不難猜出說話者的表情。而加上這些副詞以後，不僅訊息量沒有增加，還使讀者原本對人物表情的想像塌縮成了一個尋常的

詞彙。

簡潔是寫作的主流標準。被譽為「英語寫作聖經」的《英文寫作風格的要素》（*The Elements of Style*）一書就極力推崇簡潔的表達。在另一本經典的寫作指南《非虛構寫作指南》中，威廉・津瑟（William Zinsser）寫道：「好的寫作祕訣就是剝離每一句話中的雜物，只存留最潔淨的部分。每一個無用之詞、每一個在動詞中已經表示其相同意思的副詞、每一個使讀者不知誰在幹什麼的被動語態結構──這些都是削弱句子力度的成千上萬種摻雜物。」

德國思想家華特・班雅明的作品《單行道》是一部簡潔優雅而又深刻雋永的作品。在這本小書中，到處可見令人拍案叫絕的句子。僅舉一例：

當今時代誰都不可過分依賴他的「能力」，成就來自即興創造，所有決定性的一擊都來自左手。

這句話的亮點來自一個讓人驚異的類比：「所有決定性的一擊都來自左手」。這是什麼意思呢？可以大致猜到，這應該是指拳擊比賽。在拳擊比賽中，拳手多用右手發起主要攻勢，那麼對方的防備也多針對右手，這樣左手的進攻就可

顯得更加出其不意。然後這個句子卻根本沒有點明「拳擊」這個場景，而是省略了。我覺得如果這個句子交給一般人寫一定會寫成這樣：

　　當今時代不管是誰都不可以過分依賴他的「能力」，僅僅靠能力的常規發揮已經不夠了，取得卓然不凡的成就需要即興創造才行，就像在拳擊場上，所有獲勝者決定性的一擊都來自他的左手出拳，因為攻其不備，便可一招制勝。

　　這句改寫後的句子更長，交代的資訊更清楚明確，但是卻少了一樣東西——力度。班雅明原本的句子是很有力度的，帶有一種不容置疑的確信感，而改寫後的句子由於囉唆反而有了一絲說教的味道，這樣一來反倒減損了說服力。

　　如果我們要學會簡潔的表達，有一個訓練必不可少，就是去反覆琢磨大師的文筆，去體會他們在遣詞造句上的精妙之處，既看到他們所寫的，也能看到他們沒有寫上去、省略掉的部分，這對我們修練簡潔的功夫大有裨益。

▌適度的簡潔，意味著更豐富的內涵

　　但是簡潔並不是簡單，美國建築大師萊特（Frank Lloyd

Wright）說，乏味不是簡潔，簡潔並不是要求一味地刪減，而是某種合理的「適度」。透過對自己和他人的深入瞭解找到那個正好的「點」，可以映射出最多的內涵，那就是簡潔。

所以關鍵點是「對自己和他人的深入的瞭解」，做到這一步，是一切簡化的前提。以這句話為標準，我們可以從三個方面去探索簡化思維之道：

1. 基於深入瞭解的「刪減」

這個「刪減」，即是把任何不必要的東西去掉，而語言學家季羨林先生年輕時就吸取過不懂得刪減的教訓。二十世紀三〇年代中期，他在德國哥廷根大學攻讀博士學位，一邊克服著多方面的困難，一邊就「新疆梵文的限定動詞」這樣深奧的主題撰寫博士論文。可萬萬沒想到的是，他的導師瓦爾德・施米特在閱讀過論文緒論部分的初稿後，在全文第一行第一個字的前面畫了左括弧，又在最後一行最後一個字後面畫上一個右括弧，意思是全部刪除，這一下把季羨林都弄傻了。

導師認為，這篇緒論雖然花了很大的功夫，但都是在引述別人的觀點，重複別人的話，並沒有提出自己的創見，因此根本沒有必要寫出來，要寫就只寫上幾句說明就可以了。

聽到這些，季羨林內心波濤洶湧，辛苦的付出被全部否定，本能上自然會抗拒，但最終他還是對導師的批評心悅誠服。

多年以後回憶這件事，他這樣總結道：「寫學術論文，千萬不要多說廢話，最好能夠做到每一句都有根據。我最佩服的中外兩個大學者海因里希・盧德斯（Heinrich Lüders）和陳寅恪，就是半句廢話都不說的典範。」

論刪減的「辣手」程度，威廉・津瑟雖然略遜季羨林的德國導師一籌，但也足以讓人心驚。他在《非虛構寫作指南》一書中提出了一個經驗法則：大多數初稿可以砍掉一半而不損失任何資訊或作者的語氣。所以以前一些嚴格的編輯常會把一篇來稿的開頭三、四段索性刪掉，甚至刪掉前幾頁，去掉了不必要的鋪墊以後，直入主題即可。

2. 基於深入瞭解的「濃縮」

這個「濃縮」，即把豐富的資訊濃縮並灌注進一個「小容器」之中。兩位法國大作家福樓拜和莫泊桑是師徒關係，福樓拜曾給予青年莫泊桑很多寫作上的指導。據說，福樓拜曾讓莫泊桑做一個練習：兩人坐在一間露天咖啡館裡，看路邊來來往往的人經過，其中一些人每天都會出現。福樓拜要求莫泊桑用一句話來描述一個行人，也就是把每個人的特點

用一句話來概括。第二天，福樓拜會根據這句話的描述指認被描述的那個人，如果福樓拜指對了，莫泊桑就會受到獎勵。正是這樣的練習，讓莫泊桑學會了如何運用簡潔的語言來表達。

這個故事的關鍵點是什麼呢？是觀察。很多人之所以講事情囉裡囉唆講不清楚是為什麼，是因為他缺少觀察，自己都沒有把一件事最重要的東西找到，只看到一些細枝末節的部分，當然說出來也就煩瑣了。而觀察意味著找準要點，把一件事物最具代表性或者最本質的特徵找到，然後一言以蔽之，方為簡潔。

3. 基於深入瞭解的「模式化」

這個「模式化」，即找到共通的模式，在現象間建立結合，並加以壓縮歸併。神話學家坎伯（Joseph Campbell）在比較了人類各個文明的神話故事（英國古代史詩《貝武夫》，兩河流域古代史詩《吉爾伽美什》、《荷馬史詩》、《亞瑟王傳奇》，印第安人的神話，各宗教經典以及當代小說）後，發現了一個統一的神話模式，稱為「英雄之旅」。

在《千面英雄》一書中，他說英雄之旅一般分成三個階段：第一個階段是啟程，英雄從平凡的世俗世界中離開；第

二個階段是啟蒙，英雄在一個超自然的世界中冒險並獲得成長；第三個階段是歸來，英雄完成冒險的使命之後，帶著拯救世界的方法回歸平凡世界，造福大眾。這個模型對好萊塢影響巨大，無數編劇和導演受到這個模式的啟發，創作了很多佳作，雖然這些作品敘述的是不同的故事，卻遵循著同一個基本模式。

模式是表象的歸納。模式是簡單的，但由簡單的模式可衍生出極為多變的表達。在表達中學會使用具有普適性的結構，便可以以簡御繁，駕馭自己的思考和表達。

剛才談了很多簡潔之道，但是我並不認為簡潔是表達的終極追求。你會發現很多一流的小說家和散文家非常善於描寫，他們能把看起來微不足道的細節描繪得纖毫畢現，如果以「簡潔」的標準去看，你可能會覺得這樣的描寫是不必要的，應該刪去或者簡寫。其實不然，作家對細節的描繪有一個功能，就是把讀者「拉」入其所描繪的情境之中，讓人有身臨其境之感。所以在有些類型的作品中，表達的「生動性」就比「簡潔」要重要得多。

還要補充一點，比簡潔更高一層的境界是精煉。簡潔和精煉有所不同，如果一句話說得很簡潔，但是表達的意思很淺顯，沒有深度，那就談不上精煉；而精煉的文字則既是簡

潔的，又是內韻豐厚的。簡潔意在「簡」、在「潔」，而精煉意在「精純」、「錘鍊」，所以做到精煉比做到簡潔更難。

　　我舉個例子，當代作家木心的文字可以用精煉來形容。木心寫過很多豆腐乾篇幅的小散文，論字數恐怕連一篇學生作文都不夠格，但是這些小散文卻是特別精彩的，值得反覆賞玩回味。想想也是，同樣一個意思，如果作者有能力可以在兩百個字以內說清楚，又何必硬拉長到八百字來說呢？用兩百個字來表達一個豐富而深刻的哲理，這是一種很稀罕的才能，也讓讀者領略到了精煉之美。這裡引用木心的一段：

　　一味沖謙自牧，容易變成晦黯枯涸。終身狂放不羈，又往往流於輕薄可笑。

　　沖謙而狂放的人不多。

　　謙狂交作地過一生是夠堂皇的。

　　「忘我」之說，說而不通。應是：論事毋涉私心意氣謂之謙，命世不計個人得失謂之狂。這樣的謙狂交作是可愛的，可行的。

　　不謙而狂的人，狂不到哪裡去；不狂而謙的人，真不知其在謙什麼。

——木心《劍柄》

　　一個人應該如何處理謙與狂的關係，如果要把這個議題說清楚，我寫個三千字恐怕都寫不完，可是木心寥寥數語，四兩撥千斤，就做出了深刻而縝密的闡述，特別是這句「論事毋涉私心意氣謂之謙，命世不計個人得失謂之狂」，非常有創見，我估計很多人一輩子都未必悟得透。這樣的文字便是精煉表達的典範。

02

迎接「靈光乍現」的時刻

—— 讓潛意識為你工作

用足夠多的資料「餵養」潛意識

在你思考如何解決一個問題時，是否有特定的順序或者步驟？你是否想到過，遵循一個基本的思考順序可以幫助你找到想要的答案？

很多研究思維和創意的學者認為，先擴散後聚斂的順序是最為合理的，如圖 5-1 所示：

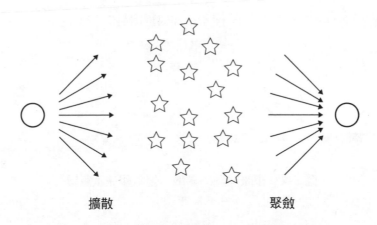

擴散　　　　　　　　　　聚斂

圖 5-1　擴散與聚斂的關係示意圖

　　擴散思考（Divergent thinking）和聚斂思考（Convergent thinking）很多人都不陌生，但是能夠用好這兩種思維的人並不多。圖 5-1 的重點在於，擴散和聚斂應是兩個獨立的階段，而不應把兩者混在一起。擴散思考的時候不要聚斂思考，聚斂思考的時候不要擴散思考，如果兩種思維同時出現，一定會相互干擾。

　　擴散思考的目的是盡可能冒出多個備選的想法，而聚斂思考需要採用批判性的審視，以方便對多種想法進行篩選。如果擴散還沒有到位就提早聚斂，就像漁網還沒有撒開就急急收攏，能捕到幾條魚呢？因而，擴散和聚斂應該界限明確地分階段進行，擴散夠了再聚斂，才是周全之策。而對於比較複雜的問題，還需要多個階段的聚斂和擴散，那麼也要按照圖 5-2 的方式進行，同樣不能把兩者混在一起：

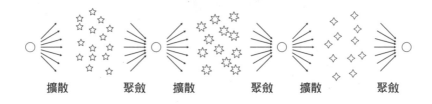

| 擴散 | 聚斂 | 擴散 | 聚斂 | 擴散 | 聚斂 |

圖 5-2　複雜問題的擴散、聚斂關係示意圖

　　擴散思考對我們每個人來說都是不小的挑戰。

　　很多人都有這樣的經驗，一個問題想久了，就會按照某個熟悉的思路想下去，一旦這條路走不通，就想不出其他的路了，因為人的思維特別容易限制在舊有的框架裡，被過去的經驗困住，很難跳脫出來想問題。

　　遇到此類「卡殼」情形，我會把這個問題暫時放下，去看些與之無關的書，或者乾脆出去走走、放鬆一下，然後可能在某個不經意的瞬間，靈感突現，豁然開朗，這其實是潛意識幫了大忙。

　　潛意識會幫助我們思考，即便在我們不主動去想一個問題時，它也會非常「勤奮」地為我們工作。更有意思的是，潛意識不會被我們的條條框框限制住，它就像不羈的遊俠，遊走在我們思考疆域的各個角落。

　　在討論學習的章節中，我介紹過龐加萊求解數學難題的故事和賴聲川構思劇本的故事，這兩個故事中，潛意識都扮演了重要的角色。與此相似的佐證還有很多，美國著名廣告大師詹姆斯·韋伯·揚（James Webb Young）在討論創意思維的經典之作《創意的生成》一書中，介紹了產生創意的五個思維步驟，其中潛意識思考就占據了核心的地位：

1. 盡可能地搜集原始資料。

2. 重複「咀嚼」原始資料，構思初始創意。

3. 中止有意識的思考，啟動潛意識思考。

4. 隨時準備迎接「靈光乍現」時刻的來臨。

5. 加以改造、完善，使之切實可用。

　　從上面的步驟中還可以看出，要想讓潛意識更有效地工作，就必須向潛意識「餵食」足夠多的資料，有了這些資料以後，潛意識用它們不斷進行重新組合的試驗，直至最好的想法出現。

　　從創造力的這個基本方法伸延伸下去，我們會發現，在生活中享受閒暇時光並不等於浪費時間，所以當你工作累了想放鬆一下，放空一下自己，完全不必有什麼負罪感。你可以理直氣壯地對身邊的人說，雖然表面上我正無所事事，可我的潛意識正為找到一個絕妙的想法而全力工作呢。相反，如果一個人每天從早到晚都忙於工作，沒有留下半點空隙，那麼我們反倒要懷疑他的創造能力還剩下多少。

　　如果你是一家企業的負責人，我也建議，給手下的員工一些富餘的時間，讓他們享受一下生活，很可能對公司的業績會有更大的幫助，因為你的員工能更富有創造力地完成工作，帶來的價值可能會超出我們的預期。

關掉不可能的聲音，才會有新的可能

我們頭腦裡住著兩個小人，一個是生產者，也就是工作的小人；還有一個小人是監控者，是監督生產者工作的人。我們平時做每件事情，其實這兩個小人都是同時工作的，所以我們做的事情都會循規蹈矩、有章可循，但是弊端就是創造力被壓制了。你要嘗試每天拿出半小時的時間，把負責監督的小人關掉，讓那個負責生產的小人自由發揮。

美國一個心理學家發現，那些經常會走神的人甚至做白日夢的人，他們在創造力測試中的得分可能是更高的，因為在走神的時候，他們的監控者也在走神。

一位美國的藝術家茱莉亞・卡麥隆（Julia Cameron）長期使用「晨間筆記」作為激發創意的方法。她每天起床後第一件事就是在筆記本上寫三頁東西，填滿這三頁可以不設定任何主題，隨便寫什麼都可以，任何想法、靈感都可以寫出來。這個方法的妙處是，剛起床時我們的「監控者」可能還沒有完全清醒，這時完全以內心的自由想法去寫去畫，原來潛伏在潛意識裡的想法就可以「叮叮叮」冒出來。日積月累，我們的創意能力便得到了充分的訓練，等遇到真正需要解決的問題時，便可以有意識地推開「監控者」來進行創作。

　　除此之外，我們還可以利用其他「監控者」放鬆下來的時間。比如我就經常在洗澡、坐車、散步的時候想問題、構思文章等，這時往往會有很多意外的收穫，甚至做家務的時候也經常有靈感出現，因為做家務的時候，我們頭腦中偏邏輯的部分也會處於休假狀態，監控者也會趁機小憩一番。

隨機與混亂，為我們帶來靈感

　　按部就班的生活、學習和工作可能並不適合產生新想法，當每天發生的事情都在意料之中，當每天我們都在重複接收相同或者相似的資訊，當每天我們只是在一遍遍重複和強化我們固有的想法，那麼我們的潛意識就很可能無所作為。所以，在必要的秩序和規則之外，我們可以從多個方面，有意識地引入一些混亂、隨機和意外的成分，讓這些東西成為培育我們新想法的土壤。

　　大到一個國家、社會，小到一個公司、社區，再小到一個班級、家庭都是複雜系統，在這個系統裡，同時有多種因素發揮作用。一種有秩序的安排，一定是強化了少數幾種因素而弱化了另一些因素的結果。例如把學生組織成一個個班級，然後按照班級來教學，是強調了同一年齡段的學生的發

展共性，但是也忽略了個體之間的差異。統一的教材、統一的授課方式、統一的作息安排，可以在總體上達到比較好的教學效果，但具體到每一個學生個體，他們的個性化發展就受到了遏制。所以，那些看似有序的東西，很可能只是把另一些無序的東西遮蔽了而已。世界本來就是雜亂無章的，在某個有限的時空內我們建立了秩序，我們受益於這種秩序，但也產生了「我必須依賴於這種秩序」的幻覺。

英國創造力專家愛德華・德・波諾（Edward de Bono）是「水平思考」（Lateral thinking）的發明者，他提出了一種「隨機激發」的方法，就是在思考某個問題的同時，另外隨機找一個詞（比如隨手翻開詞典到某一頁），然後把這個詞和當前的這個問題嘗試連結。

比如他曾經參與解決「一個國家如何快速培養大量教師」的問題，透過隨機激發法，他找到了「蝌蚪」這個詞，但是蝌蚪和教師有什麼關係呢？波諾接下來想到，蝌蚪都有尾巴，那麼教師是不是也可以有尾巴呢？這可以理解成，每個教師都可以帶幾個助手或見習教師，就像老師帶徒弟的傳授方式，透過這個方法就可以快速增加教師的數量了。

很多能夠改變我們一生的事件都不是我們可以事先規劃或者預計的，它們常常是突然闖入了我們的生活。日本著名

作家村上春樹走上寫作的道路完全是因為生活中某一個不經意的瞬間。

1978 年 4 月的某一天，二十九歲的村上春樹在現場看一場棒球賽，他支持的養樂多隊對陣廣島隊，當時他坐在外野區，喝著啤酒，這時養樂多隊的打擊手大衛·希爾頓上場了，他是當年的「擊打王」，他打出了一記本壘打。村上春樹回憶道：「棒球劃過天空，飛得又快又高，我盯著它，想：『我要當個作家！』」比賽一結束他就立刻趕到文具店買了筆和紙，開始創作他的第一本小說《聽風的歌》。

意外、混亂，還有隨機性會為我們帶來靈感，當然這種雜亂的效果應該是可控的，它應該與有序的工作結合起來，才能發揮最大的效用。

文學大師納博科夫讀書的方式，是把不同的書放在一起同時讀。他常常會把一疊書放到床頭，裡面混雜著新書、舊書、小說、非虛構作品、詩歌等，等到這疊書讀到差不多的時候，再加上其他的。我自己現在也經常使用這種讀書的方法，一方面我讀書一般會帶著一個明確的目的，會專門圍繞著這個主題找書來看，相當於主題閱讀；另一方面我也會隨機在書櫃裡挑幾本與這個主題無關的書來看，結果我總是會得到一些意外的發現，這些發現不是來自主題閱讀的那些

書，而是來自那些看似無關的書，在這些書裡我找到了關於這個主題更有啟發性的觀點，我把這種閱讀方法稱為「泛主題閱讀」。

不僅閱讀，納博科夫在寫作過程中也有意識地融入了混亂的成分。在寫作一部小說的初期，他會撰寫很多卡片，這些卡片都是零碎的靈感記錄，或者是一小段對話，或者是一小節景物的描寫，甚至是一串胡亂組合的詞語，然後他會靜靜地等待潛意識開工，把這些零散、混亂的材料組織成一個隱隱約約的結構，用他的話說，就是「等待靈感為他完成任務」，而他的工作只是識別這些靈感，然後判斷開始動筆的時機。

當他動筆寫作時，也不是按照順序進行的，而是「很任性」地想到哪就寫哪。在一次訪談中，他這樣說道：「我寫小說不從頭寫起，我寫第四章前還沒有寫到第三章，我沒有義務按順序從這一頁寫到下一頁；不，我這裡挑一點，那裡挑一點，直到填滿紙上全部的空白。」

混亂不僅對個人的創造力有利，而且對一個團隊的創造力也有奇效。2000 年，好萊塢著名的動畫公司皮克斯買下了一個舊工廠作為它的新的辦公地點，它的老闆史蒂夫·賈伯斯便思考怎麼改造它的內部結構來提高公司的績效。他為這

個建築設計了一個巨大的中庭，這個中庭非常大，而且他把這個公司的會議室、餐廳甚至洗手間都放到這個中庭之中。

一開始他們的員工非常不滿，但是時間久了以後他們發現這個設計非常好，因為正是這個巨型中庭的存在，使得這個公司不同部門、不同職位、不同背景的人能經常打照面、經常聊天，這表面上帶來了混亂，實際上卻帶來了思想的自由交匯和組合。可以說，這個巨大中庭的出現為皮克斯保持旺盛的創造力發揮了不小的作用。

混亂是秩序的另一種形式。透過混亂顛覆模式化的思維習慣，最終構建出新的秩序。在思考一個複雜的事物時，混亂是不可避免的，因為你必須把很多或近或遠的資訊、素材納入在內，這時要想把它們一一分類、整理既不現實也不經濟，還不如把它們籠統地放在一起，自由碰撞和組合。

心理學家認為，環境也能影響人的行為。在日常生活中，我們可以透過改變我們的物理環境和人際環境來增加意外、隨機和混亂的元素。比如改變衣櫃裡衣服疊放的秩序，重新擺放，或者整理書櫃並更換一種新的圖書分類方法，又或者改變日常上下班的路線去探索一條從未走過的路線，也可以嘗試與不同的同學或同事共進午餐等，這些小變化都有可能會刺激出我們新的想法。

在我的思考歷程中，經常受益於潛意識給我的饋贈。他就像一個默默不語又聰明絕頂的朋友，總是在重要的時刻給我最有價值的幫助。而我所需要做的，就是盡可能提供給他所需的支援，並尊重她的脾性，以靜候她的再次出現。

03

思考可以有自己的形狀

──將思維轉化為圖像

　　人大多數的思考過程都是隱蔽而不可見的，我們只是在頭腦中想，卻很少將它們表現出來。而「圖解思考」指的是用畫圖的方式來直接表示出我們思考的內容，這有利於我們對所思考問題的解答。下面是我用畫圖方式來思考和分析一部電影的例子。

如何讓《全面啟動》不難懂？

　　由克里斯多福‧諾蘭導演、李奧納多等主演的電影《全面啟動》講述了一個透過潛入夢境來改變他人信念的奇幻故事。這部電影因為情節新穎、想像大膽、視覺華麗而大受好評，其中對「夢中之夢」的呈現更是引人入勝。

　　在盜夢團隊進入目標的一個夢境後，他們還要設法在該夢境中再次入睡，從而進入更深一層的夢境，隨後再進入第

三、第四層夢境，最後實現修改目標深層信念的目的。有些觀眾看完電影後會覺得有些看不懂，原因是記不清楚這種層層嵌套的關係，被不同夢境之間快速切換的場景搞混了。如果用一幅圖來展現這些關係，就一目了然了，239 頁就是我畫的圖（圖 5-3）。

有了這幅圖的幫助，我們不僅可以非常輕鬆地理解劇情，還能對導演的創作構思窺見一二：

序幕：倒敘方式，柯布與老年齊藤在迷失層相遇，這個開頭是為了埋下一個基本懸念點，讓觀眾一開始就帶著一個疑問來看。

第一幕：從起點跳躍而來，從第二層夢境的日本宮殿開始，逐層向上還原，給觀眾一種解謎的智力刺激感。這一幕的主要作用是把觀眾帶入情境，激發好奇心，並且就盜夢過程形成直觀印象，為第三幕做鋪墊。

第二幕：起始於齊藤與柯布的約定，柯布處於嚴重的個人危機中，這個約定構成了柯布行動的激勵事件，是劇情的推動力。在這一幕中，導演向觀眾展示了影片的基本設定，包括盜夢的原理和阻礙等，這種展示是與柯布組成團隊的過程交織在一起的，隨後還完成了行動計畫的策劃。從圖 5-3 中我們還可以很直接地看到，這一幕中多次出現淺層的入夢

操作，使觀眾能夠習慣於現實與夢境的切換，同樣為第三幕做出了鋪墊。

　　第三幕：盜夢執行。盜夢執行先後進入了四層夢境，每一層難度增加且有新的挑戰或者危機出現，夢境層層深入的過程也推動影片達到了高潮。

　　這部影片中，還有一條重要的副線，就是柯布與亡妻過去的故事和心理糾纏，這條線是逐步揭開的，一點點暴露、加重、下沉，這與主線的夢境與現實的跳躍性特點不同。不過這條副線與劇情主線交織得非常緊密，相互推進，使觀眾在柯布的情感路徑與完成任務的艱難路徑間切換，直到最後的融合，所以我在圖中也做了畫線和標注。

　　透過畫圖來解剖一部電影可以加深我們對這部電影的理解和記憶。這裡有兩個原因，一是圖片作為一種直觀的表達，比語言文字這種線性結構有更大的優勢，它可以讓複雜的關係更好地顯現；二是用圖片來表示資訊，分擔了人腦中工作記憶的負荷，使得工作記憶有更大的活動空間參與更深更廣的思考。

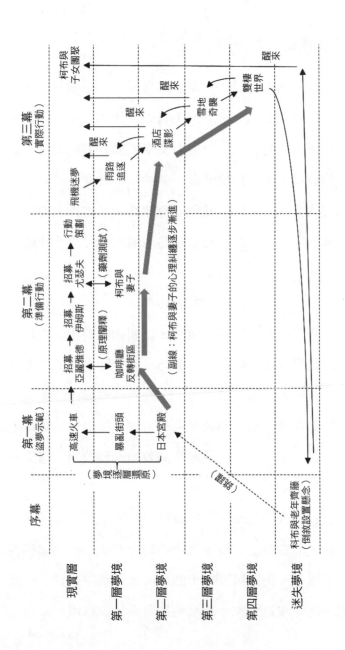

圖 5-3 全面啟動劇情分析圖

突破工作記憶的限制

人的思考仰賴於工作記憶（Working memory），工作記憶不僅能暫存資訊，還能加工資訊。比如人在閱讀時，不論是對單個詞義的理解，還是對文章整體意義的領會，都有賴於工作記憶。而工作記憶有一個特點，就是它能同時處理的資訊非常少。一旦需要處理的資訊超過了工作記憶的容量限制，那麼部分資訊就可能被忽略或者遺失，思考問題時就會顧此失彼。

與工作記憶極為有限的容量相比，一幅圖可以包含的資訊就太多了。人在觀看圖像時，對圖像中資訊的處理是並行的，因此可以接收足夠多的資訊。當頭腦中回憶或者構想某個圖像時，會形成視覺表徵，人在處理頭腦內的視覺表徵時也會採用與觀看眼前圖像類似的方式。所以借助圖像觀察和視覺表徵加工，我們可以非常高效地處理資訊，這對解決複雜問題有明顯的幫助。

在很多人的想像中，用圖像來思考只是畫家、設計師等的專利，但實際上，很多成功的寫作者或者科學家都善於進行具象思考。納博科夫在十四歲前每天都在畫畫，一度認為自己一定會成為畫家，後來他把畫畫的經驗遷移到自己的寫

作中，他說他在寫作時既不用英語思維也不用俄語思維（他是俄裔美國人），而是用形象思維，先構思出人物或場景的形象，然後用句子表達出來。

拉美文學巨匠馬奎斯小時候也經常畫畫，他因為畫連環畫在學校裡小有名氣，在後來的寫作生涯中，他總是用形象來幫助思考，既包括生活中的場景也包括夢境。

J.K. 羅琳一開始產生寫《哈利波特》的靈感，是在坐火車時，腦海中突然浮現一個畫面——凌亂的黑髮、綠色的眼睛，還戴著一副圓眼鏡的十一歲小男孩在車窗外對她微笑，這個畫面一出現就縈繞在她的腦際令她揮之不去，於是她開始創作《哈利波特》。

科學家也是善於圖解思考的一類人。事實上，越是抽象的研究，圖解思考所能發揮的作用可能越大。在就讀瑞士的蘇黎世聯邦理工學院之前，十七歲的愛因斯坦曾在瑞士的阿勞州立中學就讀一年，這一年的求學經歷對愛因斯坦未來的科學道路產生了至關重要的影響。與之前在德國接受崇尚權威的中學教育不同，阿勞中學自由、開放，鼓勵學生的自由發展和個性探索。更重要的是，阿勞中學繼承了十九世紀瑞士教育改革家裴斯泰洛齊的思想。

裴斯泰洛齊（Pestalozzi）非常重視對學生形象思維的培

養，他曾經說過：「視覺理解是教導如何正確判斷事物的重要方法，也是唯一正確的方法。」在這種教育的引導下，愛因斯坦開始進行一系列「視覺化的思想實驗」，比如他設想追著一束光跑會出現什麼情況，會看到什麼景象。這種用具象方式思考抽象問題的方法後來一直貫穿於愛因斯坦的科研生涯，他曾這樣概括自己的思維方式：「我寫下的文字或者說的話，在我思考問題的過程中好像起不了什麼特別的作用。真正對思維產生作用的好像是一些符號和一些或清晰、或模糊的圖像，它們會自動地在頭腦中複製、組合。」

法國數學家、菲爾茲獎得主阿蘭‧科納（Alan Connes）說：「在數學當中存在這種基本的二元性。一方面是幾何，它對應於大腦的視覺區域，並且是一種暫態的、即刻的直覺。在這裡，我們看到了一種幾何圖像，砰！就是它，這就是一切，甚至不需要我們去解釋，我們不想去解釋。另一方面是代數，它和時間有關，它是某種變化著的東西，是與語言非常接近因此具有語言奇妙精確性的東西。」所以，一張思維圖案很可能無法像語言表述那樣去傳達十分精確的意義，卻能夠激發起人們的直覺思考。這種直覺思考能引發頓悟，明人突破思考的瓶頸。

圖像也參與思維的推進與創造

不過，在頭腦中進行視覺演算或者思維實驗畢竟還是會受到工作記憶容量的限制，如果能把圖畫出來，那麼對思考的促進作用就更好了。思考問題的時候，如果只是在腦子裡面想，那麼只是反反覆覆圍繞少數幾個概念或者想法繞來繞去，這時你把想法隨手畫下來，邊畫邊想的過程中可能會出人意料地誕生出許多新的思路，這個思維譜寫的過程就像一個爵士樂手在即興演奏。法國當代數學家讓－馬克・德祖利埃說：「當進入創造階段時，無論是獨白還是對話，黑板都超越了它身為思考工具的作用，成為一個真正創造的參與者：它反映著圖形，改變著思想，這證實了某位詩人的說法，『我寫的東西迫使我思考，原來我遠遠不只是在思考我當時正在思考的東西』。」

其實不單在思維挑戰極高的數學研究中，在其他很多領域都能看到這種「圖解思考」的功用。繪製草圖是建築設計師、工業設計師的一項必備技能，設計師不僅用草圖表現自己的思考，更用草圖推進自己的思考。在這一過程中，對草圖的反覆修改伴隨著思路的持續修正和完善。

建築專家保羅・拉索（Paul Laseau）認為，在繪製建築

設計草圖時，如果有局部圖形需要修改，不應該把原來的線條擦去，而是保留下來，以方便和更新後的設計進行對照，這樣設計師就可以回顧自己思考的歷程，並從該歷程中進行反思。作者還總結道，設計領域的實踐充分證明了草圖對思維過程至關重要的推動作用，他相信，這種經驗完全可以推廣到其他領域。

把思維轉化為外顯的圖形，為我們的思考擴展出一個更大的空間。在《Gamestorming：創新、變革＆非凡思維訓練》一書中，作者強調，在擴散思考和聚斂思考之間，還可以有一個「探索」階段。為了更好地進行探索，思考者需要一些基本的工具，比如一個有意義的空間和大量的資訊節點。

棋類遊戲的棋盤，不論是象棋棋盤還是圍棋棋盤，都創造了一個有意義的空間，正是有了這個空間，思考者才能在上面進行思維探索。當然除了棋盤之外，不論是一塊白板、一張紙還是一張桌面，都可以成為思維的探索空間。在探索空間之上，思考者可以加入許多資訊節點，比如索引卡片或便箋紙。節點的特點是，它們是模組化且可移動的，因此可以「打亂重洗、排序和重新分組」。

用紙筆構建探索空間的方式，讓整個探索過程是可見和可變的，方便思考者去自由嘗試各種各樣的可能性，直到找

出最佳的解決方案。一個可以供思考者自由探索的空間之所以重要，是因為在複雜問題的解決或者複雜產品的設計過程中，人們很難一開始就找到一條正確的航道，而是必須在反覆嘗試、摸索和試錯中，透過不斷提出各種假設並加以測試，才能逐漸讓問題清晰起來。例如，在建築設計中，由於要考慮的重要因素很多，設計師往往會採取「平行思路」的策略，即用不同關注點主導的思路同時發展，然後再尋找不同思路間的交叉綜合。

根據情境選用合適的圖形

　　圖解思考的基本原則是：基於所思考的內容本身，自行創造或設計與其相匹配的圖形式樣，沒有一定之規。很多人都喜歡使用心智圖，但它只不過是千千萬萬種圖形結構中的一種。很多問題的情境，心智圖未必是最適合的表現形式，如果我們能夠經常從具體的思考情境出發去構想相應的圖片，那麼我們的思維能力就可以得到顯著的提升。

　　當然常見的圖片類型也有參考意義，所以我在此列舉一些常用的圖片類型，供大家參考。表達概念和想法的常用圖片類型主要分為兩類：流程圖和結構圖。流程圖表示的是一

個動態過程，通常含有箭頭以表示「流」的運動方向；結構圖表示的是靜態結構，用以顯示不同部分或者因素間的結構關係。不論是流程圖還是結構圖，具體表現形態又非常多樣，具體參考圖 5-4、圖 5-5，它們都是各個類型的極簡示範，在實踐中，這些圖很可能會呈現出更複雜的形態。

・線性流程圖

・循環流程圖

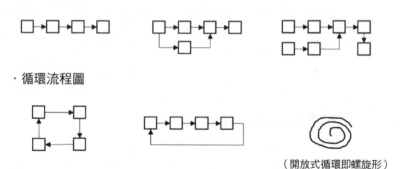

（開放式循環即螺旋形）

・複合流程圖

・系統動力圖（含正負號、有向箭頭）

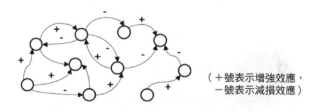

（＋號表示增強效應，
－號表示減損效應）

圖 5-4　主要流程圖樣式

· 層次結構圖

　　　　樹狀圖　　　　　　　　　梯形結構圖　　　　　　　　魚骨圖

· 交疊結構圖（表示因素間的互相影響關係）

　　　　韋恩圖　　　　　　　　　雷達圖　　　　　　　　　　映射圖

· 組合結構圖（表示因素間互相影響的關係）

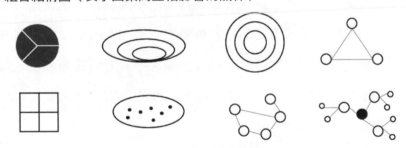

圖 5-5　主要結構圖樣式

04

世界上沒有輕而易舉的答案

—— 只有極少數的人能做到周密思考

為什麼我們總是難以周全？

美國自然主義作家約翰・巴勒斯（John Burroughs）說：「思考像是用網抓鴿子。有時你絕對不能把網拉得過快，否則除了一根羽毛什麼也套不到。」

當我們思考一個現實場景中的問題時，如果很快就找到了答案，那麼可能意味著這個答案並不周密，只顧及了問題中的某個側面或者局部。若真要把一個問題所牽涉的各個方面想清楚則要困難得多，只有少數思維能力極強的人才能做到這一點。可以說，一個人思考問題的周密程度是個人思維品質的主要指標之一。

周密地思考問題很不容易，有幾個原因。第一個原因是我們總是偏好生動形象的具體事例甚於抽象的資訊，即我們的思維和決策更容易受少數特殊事件的影響，比如一說到輟學創業就想到比爾蓋茲、賈伯斯這些極端成功的例子，卻完

全忽略數量多得多輟學創業的失敗者。而從統計學的角度來說，顯然這些極端個例並不能反映總體情況，若是我們沒有意識到這一點，我們的思考就可能出現偏頗。

第二個原因是「確認偏誤」（Confirmation bias），也就是人一旦形成對某個問題的看法，那麼接下來就往往只是在佐證這個看法，只關注能證實這個觀點的論據，而對相反的論據視而不見，因此就無法從反面來考慮問題。

第三個原因是每個人受自己已有知識和經驗的限制，必定會存在思維中的「盲區」。每個人很難自己去消滅這些「盲區」，因為它們屬於「未知的未知」，即一些我們並不知道自己不知道的東西。所以，在解決一個具體的問題時，我們無法完全消除盲區，最多只能逼近無盲區的狀態。

總的來說，人在思考時可能會有很多毛病，會被生動的個案吸引，會固執地捍衛自己的觀點，還會對自己的未知領域毫無洞察。為了克服這些毛病，我們需要一些「工具」，來為我們的思考提供某些框架結構，或是提供某些支撐，我們把它們稱為「思維鷹架」，它們可以幫助我們的思考更自如地伸展開來，而最常用的「鷹架」是矩陣和清單。

簡單的矩陣，發現更多思考的盲區

　　先來說矩陣。什麼是矩陣呢？不論數學中的定義，廣義地講，矩陣是指不同維度組合的最直接顯示法。利用矩陣這個工具，我們可以對問題進行不同面向的分解和組合，進而提升問題分析的深度和廣度。

　　例如，「周哈里窗」（Johari window）就是一個很簡單但又很有啟發性的矩陣。在日常的人際溝通中，我們往往會陷入這樣或那樣的誤區，一種人習慣認為「我知道的」應該「你也知道」，所以在談話中不會做太多的背景解釋，結果給對方的理解造成障礙；另一種人可能習慣認為「我知道的」應該「你都不知道」，於是會把談話變成單方面的灌輸甚至炫耀，結果對對方造成不快。而周哈里窗則用一種簡單的2×2矩陣，提醒人們，在交流時「我」和「你」之間的資訊關係是複合式的（圖5-6）。

	我知道	我不知道
別人知道	公開區	盲目區
別人不知道	隱秘區	未知區

圖 5-6　周哈里窗矩陣式意圖

　　周哈里窗使用了兩個維度：「我」的資訊狀況和「其他人」的資訊狀況，交叉後構成了四個區域：

1. 公開區（Open area）：我知他也知。

2. 盲目區（Blind area）：他知我不知。

3. 隱祕區（Hidden area）：我知他不知。

4. 未知區（Unknown area）：我他都不知。

　　每一次的交流，都會使四個區域的面積發生或多或少的變化。而理想的交流，如圖 5-7 所示，應該是使公開區越來越大，盲目區和隱祕區越來越小，甚至未知區也隨之減小。對一個善於學習的人來說，他尤其要在交流中關注盲目區，也就是別人知道而自己不知道的，這樣他就能在交流中收穫新知識。

公開區	盲目區
隱祕區	未知區

理想的交流　→

公開區	盲目區
隱祕區	未知區

圖 5-7　人與人之間交流的最佳狀態

在未瞭解周哈里窗之前，我們對人際交流的觀點未免流於表層和片面，而有了哪怕是最簡單的矩陣的輔助之後，顯然我們對這個問題的理解更深入也更全面了，我們思考這類問題時便會更加周密。正如圖 5-8 顯示的，我們原先的思考空間可能只屬於某個矩陣的一個象限，當我們把這個矩陣顯性化表示出來以後，我們就發現了這個矩陣的其他象限，從而拓展了我們原先思考空間的疆域，這就是矩陣的價值。

圖 **5-8**　拓展思考空間的周哈里窗矩陣

矩陣運用：如何研製一款新奇的餅乾？

除了分析問題之外，矩陣方法對求解創意性問題也很有幫助。我們可以試著來回答下面這個問題：如何研製一款新奇的餅乾？

如果不使用矩陣，那麼我們解答這個問題的方式可能主

要有兩種。一種是天馬行空式，就是隨性地找到一些口味的元素加以組合，比如巧克力＋藍莓，核桃＋山楂，但這種組合是完全隨機的，既無法判斷它是否足夠新奇也無法預判它的口感。還有一種是亦步亦趨式，即先在大腦中搜尋印象中好吃的餅乾，比如 Oreo、Pocky、Tipo 麵包餅乾、鹹味蘇打、ORION 好多魚餅乾……再來進行二次篩選，留下最好吃的一、兩種，再以此為參照，做一些簡單的改變。

這兩種方法都有一個共同的缺陷，就是具有很大的範疇局限性，這個局限性主要來自你一開始所想到的那些元素，其數量有限，而你的腦海一旦被這些先蹦出來的元素占據，就很難再冒出更多更新鮮的內容了。

如果使用矩陣方法，我們可以採用如下三個步驟：

1. 抽象出盡可能完整的分解問題的維度（比如產品的最終形態無法窮舉，但是決定產品形態的抽象維度可以窮舉）。

2. 對每一維度，透過取反、細分等操作，找出盡可能多的表現值，以構成維度矩陣。

3. 在維度矩陣中，不同維度的表現值之間嘗試建立各種組合。

第一步，我們要盡可能地提取出定義一塊餅乾的維度，這些維度是我從上面提及的五種經典餅乾中提取出來的，如

表 5-1：

表 **5-1**　定義餅乾維度

定義	分類
口味	巧克力（普遍）、牛奶（普遍）、雞蛋（Tipo 麵包餅乾）、抹茶（Pocky）、草莓（Pocky）、芝麻（蘇打）、海苔（蘇打、好多魚）、燒烤（好多魚）。
結構	單層（蘇打）、夾心層（Oreo）、外塗層厚（Tipo 麵包餅乾）、外塗層薄（好多魚）。
脆度	酥脆（蘇打、好多魚）、香脆（Oreo、Pocky）。
造型	圓形（Oreo）、方形（Tipo 麵包餅乾）、細棒形（Pocky）、擬物造型（好多魚）、多造型混合（好多魚）。
顏色	黑白反差（Oreo）、顏色鮮豔（Pocky）、顏色多樣（Pocky）。
可互動性	可開合（Oreo）、可轉動（Oreo 的「轉一轉」）、便於持握（Pocky）。
附加概念	適宜特殊人群（蘇打）、遊戲化（好多魚）。

以上總共列舉了七個維度，有可能不全，但先暫定這些。

第二步，拓展每個維度的表現值，採用取反、細分等方法，比如口感裡面，如果以「酥脆」、「香脆」為例找反義，我們可以得到「有韌性」、「綿軟」，於是得到了表 5-2。

表 5-2　七種定義餅乾維度之細項

	口味	結構	脆度	造型	顏色	可互動性	附加概念
1	巧克力	單層（厚）	酥脆	圓	純黑	可掰開	減肥
2	牛奶	單層（薄）	香脆	方	純白	可扭轉	糖尿病
3	雞蛋	夾心（厚）	鬆軟	細棒	黑白	可彎折	養胃
4	草莓	夾心（薄）	綿軟	粗棒	單色彩	易持握	美容
5	抹茶	外塗（厚）	韌性（強）	擬動物	雙色彩	可拚接	高營養
6	芒果	外塗（薄）	韌性（中）	擬車	三色彩	可穿孔	快補體能
7	榴槤	雙夾心	入口即化	擬卡通	四色以上	易彈射	愛意傳達
8	甜橙	雙外塗	硬度（高）	擬水果	多彩混合	可拉伸	孝心傳達
9	核桃	夾心外塗	硬度（中）	三角錐	顏色可變	可擠壓	可愛寵物
10	杏仁	三層組合	Q彈	五角星	透明	可膨脹	搞怪
11	番茄	碎末鑲嵌	……	心形	……	吹氣可響	科幻
12	燒烤	包餡式	……	可變形	……	……	遊戲
13	芝麻	平面拚湊	……	多形混合	……	……	紀念
14	海苔	雙螺旋式	……	碎屑式	……	……	幸運
15	……	……	……	……	……	……	……

第三步，在這張表中進行多種組合嘗試，理論上，即便不考慮「更多」，也有 $14 \times 14 \times 10 \times 14 \times 10 \times 11 \times 14 = 42257600$ 種！表 5-3 列舉了其中一種組合：

表 **5-3** 餅乾多種組合嘗試

	口味	結構	脆度	造型	顏色	可互動性	附加概念
1	巧克力	單層（厚）	酥脆	圓	純黑	可掰開	減肥
2	牛奶	單層（薄）	香脆	方	純白	可扭轉	糖尿病
3	雞蛋	夾心（厚）	鬆軟	細棒	黑白	可彎折	養胃
4	草莓	夾心（薄）	綿軟	粗棒	單色彩	易持握	美容
5	抹茶	外塗（厚）	韌性（強）	擬動物	雙色彩	可拼接	高營養
6	芒果	外塗（薄）	韌性（中）	擬車	三色彩	可穿孔	快補體能
7	榴槤	雙夾心	入口即化	擬卡通	四色以上	易彈射	愛意傳達
8	甜橙	雙外塗	硬度（高）	擬水果	多彩混合	可拉伸	孝心傳達
9	核桃	夾心外塗	硬度（中）	三角錐	顏色可變	可擠壓	可愛寵物
10	杏仁	三層組合	Q彈	五角星	透明	可膨脹	搞怪
11	番茄	碎末鑲嵌	……	心形	……	吹氣可響	科幻

12	燒烤	包餡式	……	可變形	……	……	遊戲
13	芝麻	平面拚湊	……	多形混合	……	……	紀念
14	海苔	雙螺旋式	……	碎屑式	……	……	幸運
15	……	……	……	……	……	……	……

　　這種表格形式源於瑞士天文學家弗里茨・茲威基（Fritz Zwicky）發明的「形態分析表格」（Morphological box），也被稱為「創意表格」，是一種非常適合多維度思考、激發新創意產生的有效工具。

　　但是，即便應用矩陣方法，也無法窮舉理想條件下的所有思考域，因為我們列舉的維度本身就很難窮盡，也許你換一種視角去看問題，就可能得到一個新的創意表格，為了進一步完整分析這個問題，可能就需要使用多種不同的矩陣。每一種矩陣代表一種維度劃分的方法，這樣就可以分析更多的維度，等到各個矩陣都分析完以後，再把各個分析結果統合在一起，這樣就能得到一個更加周密完整的答案了。

無限窮舉，不斷擴展思維

　　如果說矩陣是一種利用特定結構來擴展思維的工具，那麼清單就是用窮舉方法來擴展思維的工具。清單是一種「強制思考工具」，當你借助清單進行思考時，你需要逐一檢視清單中的每一項，並將其與標準指標進行核對。而好的清單，是經過提煉的智力框架，能夠幫助我們將思考達到最基本的周密程度。下面我列出了一份關於清單優點的清單：

　　1. 清單是知識傳遞的一種高效方式。

　　2. 清單可以減少遺漏。

　　3. 清單可以減少冗餘的資訊。

　　4. 清單可以將不同質的事物羅列在一起，只要這些事物在某個方面具有一致性。

　　5. 清單可以作為行動指南，它本身就是一個可操作性的工具。

　　6. 清單可以規律性重複使用，可用於培養行為習慣。

　　7. 清單作為一種強制性的固定模式，可以使思考過程抵禦情緒化或非理性因素的干擾。

　　8. 建立清單非常簡單、快速。

　　9. 清單具有無限擴展性，可反覆完善。

　　清單常常應用在證券投資、外科手術、航空航海和安全工程等領域，因為這些領域對思維周密性的要求最高。比如，世界衛生組織推出手術安全清單（Surgical safety checklist, SSCL）供醫生參考。

　　在航空領域，飛行員進行起飛前必須根據既定的檢核表（checklist）進行檢查。根據美國飛行專家保羅・伊爾曼（Paul Illman）編寫的《飛行員航空知識手冊》，飛行員在進入飛機前需在地面進行飛機外部檢查，這個檢查包括十五個大類、八十一個小項，其中對機翼等的檢查會多次反覆。

　　細想一下，航空中使用的完整清單會非常龐大，而只有這樣的清單才能完全保證航行的安全，與航空相比，投資領域使用清單會遇到更多的挑戰。因為在投資過程中，投資者面臨著更加複雜和多變的環境，也無法掌握完全的資訊，同時，與「人機交互」不同的是，投資是人與人之間的博弈，更需要一些「武器」來加以輔助。

　　一個設計良好的投資清單可能價值連城，也許最好的投資清單永遠被關在少數人的資料夾或者大腦中。當然，透過公開的書籍，我們也能瞭解到一些不錯的投資清單。小休伊特・海瑟曼（Hewitt Heiserman）在《怎樣選擇成長股》（*It's Earnings That Count: Finding Stocks with Earnings Power for Long-*

Term Profits）一書中，提出了一種篩選成長股的快速方法，稱為「五分鐘測試」。

這個五分鐘測試是對一家公司的九個方面進行快速考察，看其是否符合期望的標準。一個水準一般的投資者如果能嚴格遵循某一種高水準的清單來進行投資，那麼也能拿到出色的收益。也就是說，清單作為一個有效的工具，降低了思考和行動的門檻。

除了用於安全和決策之外，清單也是時間管理中的必備工具。在處理繁雜的任務時，清單幫我們把資訊從大腦中外化出來，減少了我們的記憶成本。

列出一份待做事項的清單，界定每件事的處理次序和時間範圍，然後一件一件地把它們解決掉，能讓我們的生活變得更加有序和可控。對很多效率高手來說，清單是屢試不爽的利器。

清單運用：《每週快樂指南》

如果有現成的清單參考當然很好，但如果我們分析某個問題沒有可用的清單，我們就必須學會自己編制清單。編制清單的基本方法是先增後減，即先盡可能地列舉一切可能

項，然後再就其必要性進行仔細嚴格的篩選。

　　要將清單精準列出事項的第一步是不要帶批判的眼光，寧可把清單列到冗餘或者過度的程度。義大利著名學者安伯托·艾可寫過一本有趣的書叫《無盡的名單》，他把人類歷史上的文學、繪畫名作中出現的清單進行了列舉。

　　在他的概念中，清單不僅包括用文字列舉的清單，還包括視覺圖像中的清單。他舉了很多名畫的例子，在這些畫中可能有各式各樣的人物、動物乃至神靈的形象，那麼一幅畫就是一個清單。

　　這本書就成了小說、詩歌、繪畫、工藝品、百科全書、戲劇等多種文化內容的大融合，而這種融合絲毫沒有違和感，因為按照艾可的說法，即便是差別非常大的東西，只要進入了同一個清單，它們就會具有形式上的統一感，不會有人對此提出異議。

　　按照這種思路，我們可以列一個「所有可以讓我開心的事」的清單，然後把各種各樣甚至稀奇古怪的東西都放進去。在列這個清單的過程中，千萬不要有任何的顧慮，下面是一個示例：

- 一邊吃巧克力一邊看漫畫。
- 和最要好的朋友一起吃冰鎮龍蝦。
- 和偶像擁抱並合照，最好是一組自拍連拍。
- 把優酪乳包裝上黏著的優酪乳舔得很乾淨。
- 把比利時鬆餅泡在牛奶裡然後吃掉。
- 把房間裡所有的物品放進各種大小的收納箱。
- 踢一場足球賽。
- 和小朋友玩水槍直到衣服濕透。
- 在房間裡貼上滿牆的動漫海報。
- 用樂高積木組一個機器人。
- 買一艘遊艇。
- 在米其林星級餐廳用餐。

　　也許我們先天就有列清單的才能，只是後天種種經驗和規則約束了我們無拘無束羅列清單的能力。如果你能放下內心的包袱和顧慮，再加上做一些練習，就可以在很多事情上列出非常長的清單。

　　第二步是對所有選項進行篩選和合併，保留其中最有用、最有可行性或者最精華的部分，使清單更具有可行性。在《無盡的名單》中，博學的艾可也並沒有把他所知的所有清單放進書中，而只是把精挑細選過後最經典的部分留了下來。不然，按他的說法，如果全放進去，那麼一千頁都不止。

　　我們在編制清單時也是這樣，比如在上面的快樂清單中，如果我們按照可行性、日常性的標準進行篩選，就可以把它變成一份「日常快樂指南」，然後我們堅持按照這個指南做，就可以很快樂啦。

《每週快樂指南》

每天——
- 一邊吃巧克力一邊看漫畫。
- 把比利時鬆餅泡在牛奶裡然後吃掉。
- 踢一場足球賽。
- 用樂高積木組一個機器人。

每週——
- 整理一次房間，把所有的物品放進各種大小的收納箱。
- 在房間裡貼上新的動漫海報。
- 在米其林星級餐廳用餐一次。
- 存一部分的錢買遊艇 。

　　寫到這裡你可能會發現，人的思維是一種比較奇怪的東西，它並不像我們想像的那樣是凝聚的、堅固的、穩定的，反而是跳躍的、流動的、易變的。它不像一座高山，更像一條河流。它如何流動，是靜水深流還是急流險灘，取決於承載它的地形。一旦我們使用清單這種外在的形式，我們就傾

向於羅列很多很多東西，使這個單子不斷地拉長；一旦我們使用矩陣這種形式，我們會考慮更多不同維度之間的組合效果；一旦我們用圖形來表現我們的思考，那麼這些圖形本身就成了拉動思考的引擎；一旦我們容許異質元素的混搭造成的「混亂」，那麼各種新奇的靈感就會像泉水一樣汩汩湧現。

　　所以一直以來，我並不認同用「天賦」、「智商」這種概念來評估或者預測一個人的思維能力和可能的成就，因為這些概念都是以一種「固化」的視角去評價他人和自己而已。也許人與人之間，在先天稟賦上確實有多多少少的差異，但這些差異在可習得和可演練的思維方法面前都顯得不是太重要。一個具有高度可塑性的大腦在良好思維工具的輔佐下，在持續不斷的行動中反覆打磨，會強大得超出你的想像。

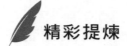 **精彩提煉**

◆ 既要簡化外界輸入的資訊，也要簡化我們表達出來的資訊，為思維騰出更多的使用空間。

◆ 基於深入瞭解的簡潔，不是乏味，而是意味著更加豐富的內涵。

◆ 為了讓思維更好地擴散，獲得更多的靈感，一是要關掉大腦裡評價的聲音，二是要適當地引入混亂與隨機。

◆ 思維依賴於工作記憶，透過將思維外顯為圖像，給予思維更多的探索空間，也能進一步推動思考的進行。

◆ 現實中的問題，總是牽涉太多的因素，借助矩陣、清單等工具，可以完善思考的周密程度。

實踐練習

1. 統計你每天關注的資訊所包括的領域，去掉其中價值不大的，最終保留三至五個最有意義的資訊領域。

2. 為你所關注的領域選取三個最有用的資訊管道來源，並寫下選擇的原因。

3. 在你確定關注的領域中，最近最值得你關注的一件事是什麼？

4. 你的有效資訊管道中，閱讀足夠多有價值的事實報導或介紹。

5. 借助適當圖像，將你所瞭解到的資訊表達出來。

6. 基於上面的已知資訊，你現在最大的疑問是什麼？

7. 關掉你腦中的評價或不可能的聲音，列舉你所能想到的所有答案。

8. 先擱置上面列出的答案，去看一些與此毫無關係的資訊或資料，然後再去看你之前列舉的答案，你是否有新的補充？

9. 對全部列舉的答案進行審視，寫出為什麼你會得到這個答案。把現在你覺得不合理的答案去除，形成關於這個問題的最終答案清單。

10. 尋找更多類似事件的資料，發現它們之間的聯繫，尋找它們之間的共有模式。

11. 透過對類似事件的思考，選擇其中一個你認為最有可能的答案，透過已有的和尋找更多的事實材料（包括其他事件的材料）來論證這個答案，並寫成一篇文章。

12. 請用一句話來表達你的文章核心觀點。

13. 利用下面的周哈里窗，對你的文章進行解析並修改。

濃縮與刪減　　　　　　　　　　充分論證

⬆　　　　　　　　　　　⬆

你知道，讀者也知道的	你知道，讀者不知道的
你不知道，讀者知道的	你不知道，讀者也不知道的

⬇　　　　　　　　　　　⬇

充分了解，刪減讀者以之部分　　更多探索，補充到文章中

第六章

努力，是一種
最需要學習的才能

努力不是一場意志力的較量，
而是一種需要學習的策略。

01

努力本身就是一種才能

—— 努力需要有效的策略

　　本・霍洛維茨（Ben Horowitz）是矽谷有名的創業者和投資家，對創業、投資和公司管理有許多獨到的見解。有一次他和兩個朋友對於用人問題產生了爭論，這兩個朋友一位是風險投資家，另一位是 CEO。

　　CEO 朋友手下有一位得力的主管，工作表現非常優異，所以 CEO 朋友想要提拔重用他。可投資家向 CEO 建議說，這個主管雖然表現好，但是在管理更多人的組織上缺少經驗，應該慎重考慮提拔。這時霍洛維茨突然有些惱怒，否定了投資家的觀點，因為他認為，這位投資家是在用一種僵化的眼光來看待人才。

　　在《什麼才是經營最難的事？》一書中說到這件事時，他解釋說：「管理能力是後天掌握的一種技能，而不是先天具備的稟賦。沒有人一生下來就能管理一家上千人的公司，經驗都是在一定階段透過學習而獲得的。」所以，對那位主

管來說，雖然他尚沒有管理更大規模部門的經驗，但誰又能斷定他未來就不能具備這樣的能力呢？

霍洛維茨和投資家的爭論其實體現了關於人的才能兩種經典的觀點分歧，前一種觀點認為人的才能是可以透過後天努力得以不斷提升和塑造的，而後一種觀點認為人的才能一旦形成就相對穩固，不會輕易改變。對此，心理學家中已經有了非常多的研究和討論。

在心理學家眼中，「才能」（Talent）被定義為「自發地重複出現且可被高效利用的思維、情感或行為模式」，但他們對才能的觀點不盡相同。人力資源管理專家瑪利亞·梅耶斯（Maria Meyers）和同事根據心理學家的研究，總結了有關才能的四種典型觀點，畫出了一張四象限圖（圖6-1）。

圖6-1之中有兩個維度，一個是「特有（Exclusive）－普遍（Inclusive）」，另一個則是「恆定（Stable）－發展（Developable）」。前者的分歧是，只有少數人具有傑出的才能還是每個人都可能有傑出的才能；後者的分歧在於，人的才能是固定的還是可以發展的，兩個維度交叉組合就構成了這張四象限圖。

特有

天才說　　　選優培優

恆定　　　　　　　　　　發展

人皆有　　　人的才能
各自優勢　　皆可成成

普遍

資料來源：Meyers M., van Woerkom M., The influence of underlying philosophies on talent management: Theory, implications for practice, and research agenda. Journal of World Business, 2014, 192-203.

圖 6-1　才能四種典型觀點

即使是普通人也有獨特的優勢

　　認為才能是「特有─恆定」的觀點可能在民眾之中最為流行。才華橫溢的人，我們常以「天才」視之，將其成就歸結為「天賦」。天才者，天賦異稟，讓人望塵莫及，而智商概念的普及對這種觀念也有了推波助瀾的作用。

　　二十世紀初，心理學家設計了智商測驗來測量人的智力，於是人的才能或者潛能也可以被定量比較了。一般來說，智商高於一百四十的人可稱為天才，而這樣的人在人群中只

有 0.4%！同時，傳統的智商理論認為，人的智力是比較穩定的，不大容易改變，遺傳的作用比較大，超出了個人所能掌控的範圍，這不免讓人有些沮喪。

可是一個簡單的數字真的能反映一個人的智力水準嗎？這一點也是智商測驗一直頗受爭議和詬病的地方。由於目前心理學家對人的智力的認識還不充分，智力測驗所測出的也僅僅是人全部智力的某個特定部分，所以智商分數並不能完全表示一個人是否聰明，那些智商平平的多數人也許只是在某個方面不夠出色而已，並不意味著他們在其他方面不優秀，也並不意味著他們在現實中的表現就一定不如智商得分高的人。因此，如果完全相信智商的概念以及測出的智商得分，反倒會限制自己，阻礙自己發現和培育更多的潛能。

從人力資源管理者的角度來說，即便他並不瞭解智商理論，也傾向於認為員工的才能是相對固定的，並且會區別對待有較高才能、不易替代的核心員工（通常在組織中不超過20%）和普通員工。這一方面是因為，高才能員工確實對企業的貢獻更大；另一方面也是因為一個人的能力發展不是一朝一夕之事，需要較長時間的培養，而企業一般來講更看重短期收益，不願意擔負長期人才培養的成本。所以，雖然「特有一恆定」的才能觀看起來不近人情也不大合理，但它可能

是在現實中對每個人影響最大的人才觀念。

「普遍—恆定」的才能觀看起來則比「特有—恆定」觀積極很多，而且恰好一些積極心理學家更加傾向於這種觀點。他們認為，人的才能多種多樣，像萬花筒一般五彩紛呈，它是多方面的因素（如智力、個性、動機、知識和經驗等）相結合的產物，只要積極主動地去發現自己的才能，並且頻繁地使用它們，就能達到更大的成功和幸福。

在持有這種才能觀的專家中，蓋洛普公司的唐納·克利夫頓（Donald Clifton）是其代表。克利夫頓透過對大樣本人群的多年研究，歸納出人可能具有的三十四種優勢，比如適應能力、分析能力、統籌能力、溝通能力、專注力、創意能力等，並設計出了一個才能發現工具——「優勢識別器」（Strengths finder），想要知道自己有哪些優勢，只要填寫線上問卷，回答一系列的問題，就可以得到答案。

優勢識別器測試與智商測試不同的是，它的測試結果是「自我比較式」的，它會告訴你得分最高的前五位優勢是哪些，而不會像智商測驗那樣把你的測試得分去和人群總體做比較，這種做法正是基於「人人都有自己所擅長的，沒有必要與人攀比，只要找到所能、善用所能即可」而產生的一種信念。

　　發現和識別自己的獨特優勢是一件很有價值的事，它能幫助人們更好地認識自己，揚長避短，也可以讓人關注到自己優勢的一面，更加自信。但是，這種觀點又未免有點「唯心主義」，因為脫離社會環境，不去管自己的才能與別人的相對位置，在這個競爭社會中是不現實的。

　　與別人做比較這事在測驗中可以迴避，在現實世界中卻不可避免。一種不幸的情形是，你個人的最優勢項在周圍人的比較中也只是處於低位，如果你對這種差距視而不見，陷入對自己優勢的自我陶醉中，反而不利於個人的長期發展。

　　所以說，有關才能的各種觀點、理論和工具，都值得瞭解一二，作為參考，以更好地認識自己，但是也不必偏信其中一種，以免流於片面。因為說到底，最能夠理解你的，不是什麼專家也不是什麼高人，而就是你自己。

只要足夠努力，就能變得更好

　　關於才能還有一種重要的觀點，認為與其用「發現並使用」的靜態視角去看待，還不如用「培育並發展」的動態視角去看待，這就是「普遍—發展」觀，心理學家、《心態致勝》作者卡蘿・杜維克提出的「成長心態」（Growth mindset）理

論是其中的典型代表。

　　杜維克發現，有些人堅信只要足夠努力，自己就能變得更有能力，這樣的人就具有「成長心態」的特徵，而另一些人則認為自己的能力是固定不變的，努力或不努力都不會產生什麼改變，這樣的人則具有「定型心態」（Fixed mindset）。杜維克同時發現，具有成長心態的人，他們所取得的學業或事業成就明顯高於定型心態的人，也就是說，相信自己會變得更好的信念透過努力換回了變得更好的現實。

　　表 6-1 是心理學家總結兩種心智的區別，很明顯可以看到成長心態更加積極，更加值得我們採納：

表 **6-1**　成長心態與定型心態的區別

	定型心態	成長心態
對挑戰的看法	畏懼挑戰	擁抱挑戰
對困難的看法	遇到困難容易放棄	遇到困難不輕言放棄
對努力的看法	認為努力並沒有什麼用	認為努力可以讓自己獲得進步
對批評的看法	漠視別人對自己的建議	善於從批評、意見中學習

對別人的成功的看法	視別人的成功為威脅	從別人的成功中學習或受到激勵
習慣性的自我評價	「我是成功了還是失敗了？」「我表現得很聰明還是很笨拙？」	「我是否變得更好了？」「我是否贏得了更多的挑戰？」

　　一個定型心態的人怎樣才能轉變為成長心態呢？一個有效的方法是改變自己的語言習慣，把封閉性、絕對化的總結性評價改為開放式的啟發提問，比如不要說「我不擅長做這件事」，而是問「要完成這件事我還有哪些地方需要改善」；不要說「這件事我做不好」，而是問「還有沒有其他的方法可以把這件事搞定」；不要說「這件事我已經做得很好了」，而是問「我怎樣才能把這件事做得更好」；不要說「我肯定不會像他們那樣做」，而是問「從他們身上我是否能學到些什麼東西」。

　　另外一種觀點「特有一發展」觀認為只有少數人才具有成為傑出人才的「潛力」，因此應該把他們找出來加以培養，使他們的潛能得以充分發展。這種觀點也有可取之處，並且在很多教育和商業機構中也得到了應用。一些著名高中會優中選優，選拔最有潛力的學生施行特殊的教育計畫，例如浙

江大學的竺可楨學院。

　　一些大型企業，則會啟動「管理培訓生」計畫，從應屆畢業生中挑選少數「潛力股」，進行特殊培養，以期之後能勝任一些重要崗位的工作。不過由於這種人才觀的著眼點一開始就放在極少數人身上，所以與大多數人的關係不大。

　　另外，挑選一小部分具有潛力的人才相當於一種預測行為，而預測很難做到準確，事實證明，被特殊培養計畫選中的人未必就比計畫外的人出色，「野生成長」也可能造就出色的人才。

　　客觀來說，人與人之間確實存在先天稟賦的差異，但這種差異的程度並沒有一般人想像得那麼大，因為作為同一物種，人與人在生物層面的共性遠多於個性，這種共性就決定了人的智力水準的差異是很有限的。但是後天的努力就不一樣了，一個天天好吃懶做的人和一個十年如一日勤學苦練的人之間的差距，可以說是雲泥之別。再加上當前的神經科學研究表明，人的大腦具有相當大的可塑性，這就意味著後天努力對人的改造作用可以是驚人的。所以知乎有名言：「以大多數人的努力程度之低，根本輪不到拚天賦。」

　　我們與其把眼光放在自己與他人的天賦差異上（雖然這種差異是客觀存在的），不如放在自己「可以如何努力並透

過努力讓自己變得更加聰明、更有才能」上。但是對於「努力」這件事，我們也要破除一些陳舊的觀念，即努力不是一味地「使力、使力」這麼簡單。

努力不僅是一種信念，不只是意志力的較量，它更是一種具有策略性的活動。這種策略性體現在對個人資源的調配、行動方向的選擇、執行進度的把控和調適多方面上，好在策略是可以不斷學習和優化的。

從這個角度看，努力這件事其實需要反反覆覆的審視和思考，也可以說，努力本身就是一種才能。在努力這件事上，除了自我激勵之外，我們更應該思考——到底應該怎樣努力，應該採用什麼樣的策略來投入自己的時間和精力，應該怎樣有效地啟動、維持和優化對一件事情的投入？這些都是需要我們思考的至關重要的問題。

02

沒有突出的優勢最危險

—— 專注發展自己的優勢才能

木桶理論為什麼是錯誤的？

　　本・霍洛維茨準備聘用馬克・克拉尼擔任公司的銷售主管時，幾乎所有人都反對。反對的理由很多並且異常一致：克拉尼其貌不揚，身材糟糕，連說話聲音也難聽，完全不符合一個銷售部門主管典型的魅力形象；克拉尼畢業於南猶他大學，一所名不見經傳的學校，這在一個精英林立的高科技公司裡顯得格格不入；克拉尼不苟言笑，表情嚴肅，會讓旁邊的人感覺不自在。可是這些缺點無法掩蓋他在銷售領域的專業才能：

- ・ 他在銷售方面的履歷無可挑剔。
- ・ 在被問到如何培訓銷售人員時，他能拿出一份厚厚的培訓手冊。
- ・ 他有至少七十五份來自以前雇主和客戶的推薦信，且都對他讚賞有加。

- 透過一小時的交流，他就能讓一個門外漢學到非常多的銷售知識。

正是這樣傑出的專業表現，促使霍洛維茨在公司裡力排眾議，聘用了克拉尼。事實證明，克拉尼是霍洛維茨曾聘用過的最傑出的員工，他為公司做出了非常重要的貢獻。而霍洛維茨能堅持做出這樣一個正確的決定，是因為他堅信一個用人理念：基於崗位要求找出最具有相應能力的人，而忽略他在其他方面的弱點，也就是說，一個員工具備突出的優點比他沒有明顯的弱點要重要得多。

這種理念跟我們熟知的「木桶理論」相衝突。根據木桶理論，一個木桶所能容納的水量取決於它最短的那塊木板。對木桶來說，這句話千真萬確，可並沒有人證明為什麼用木桶來類比人時它仍然是成立的。當然，對備戰大考的高中生來說，木桶理論有一定道理。如果學生在某一門考試科目上比較弱，那麼就會明顯拉低考試的總分。但是，當這個學生步入大學，走上社會，就會漸漸發現，擁有一項突出的才能（對，哪怕只有一項）對個人的發展是最為重要的。

可能有人會反駁說，當代的大學教育理念中特別提倡「通識教育」，提倡培養「T」型人才，這不正說明，一個人應該具備多方面的才能嗎？確實，通識教育對一個人才的

培養來講是必不可缺的，而且「T」型人才也是一種非常理想的人才。可是，它們都是以一個人要有某一項明顯的專長為前提的。

很多人刻意培養自己「T」中的上面那一橫，比如看了很多不同領域的書，培養了多種多樣的興趣愛好，但遲遲沒把那一豎展現出來，把涉獵的每一樣東西都學成了三腳貓功夫，無一擅長，這樣在之後的求職和事業發展中就會顯得非常被動。要想成為「T」型人才，你得先畫出那一豎，站穩了以後再畫出那一橫也不遲，一個人若是能精通某一領域後再鑽研其他領域，也更容易觸類旁通，對提升那一橫的含金量也很有好處。

其實木桶理論最早是用來類比團隊管理的。也就是對一個團隊來講，決定其績效的不是團隊中最強的成員，而是最弱的那個成員。這是因為團隊中每個成員都有明確的分工，這些分工一環套一環構成了結構緊密的整體，所以一旦某個環節出現問題就會影響整個團隊的表現。

可是如果仔細想的話，適用於團隊的木桶理論正好能推導出它並不適用於個人。如果一家公司篤信木桶理論，那麼它就會要求所屬的每一塊木板都盡可能長，而不會允許特別短的木板存在。換句話說，公司中的每一個崗位都不容許存

在能力平平的員工，而是要求每一個崗位都聘用能完全勝任這個崗位的員工。又由於現代社會分工細化的特點，大多數的崗位所需要的技能一定是某個領域的專長，而不是面面俱到的能力。所以在這些崗位進行徵才時，就更加傾向於徵求單方面才能突出的員工。

可是這麼簡單的道理，很多人並不明白。在我收到的求助信件中，大多數是傾訴關於自己未來的職業迷茫的，我發現這些人十有八九沒有意識到專注發展個人才能的重要性，特別是對那些教育背景一般、職業技能缺乏、拚爹無望、為人生前途迷茫焦慮的年輕人來說，在他們資源本就貧乏的條件下，唯一能做的，就是把自己不多的資源（時間、精力、金錢乃至勇氣）聚攏起來，投注到做一件事情上。

專心做好一件事，哪怕這件事看起來極不起眼，三心二意、瞻前顧後、貪多求快、跟風冒進等都是大忌。

專注在一個領域走到最後

人的才能發展是基於過往學習經驗的累積，納撒尼爾·雷伯維茲（Nathaniel Leibowitz）等學者在《數學心理學雜誌》上的論文表明，我們在才能上的學習累積通常呈現出 S 形曲

線的特徵，如圖 6-2 所示：

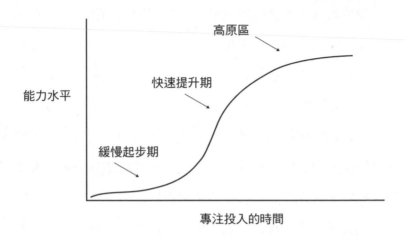

圖 6-2　能力水平與專注投入時間的關係

　　很多人曾寫信告訴我，他們有很多愛好，什麼都會嘗試一下，但都不精通，到了最後不知道選擇哪個作為他們的職業道路，甚至最後找工作也成了麻煩。其實道理很簡單，每個人的精力是有限的，如果你不專注，就很可能永遠在「緩慢起步期」徘徊，從 A 領域的緩慢起步期跳到 B 領域的緩慢起步期，再到 C、D……但就是到不了快速提升期，更到不了高原期。所以，最後的結果是，大多數人都在緩慢起步期就「死」掉了，小部分人爬到了快速提升期，而只有極少數

人到了高原期，笑傲江湖。

那麼停留在緩慢起步期的後果是什麼呢？後果就是，你要和大量同樣處在緩慢起步期的人競爭比較初級的工作崗位，即便就業成功也只能得到較低收入和較低前景的工作。

這個世界的財富分配是極端不均衡的，站在塔頂的人占有著這個世界的大多數財富。在靠本事吃飯的領域，這種不均衡也非常明顯。圖 6-3 是 2014 ～ 2015 賽季 NBA 球員的薪酬分布（橫軸表示按球員薪酬金額昇冪排列得到的排名，即薪酬越高排名越靠後，縱軸就是年薪的金額）：

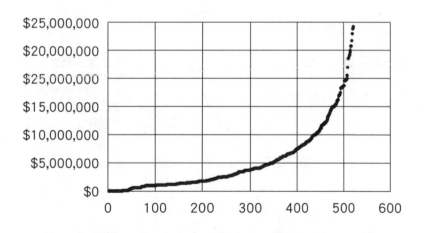

圖 6-3　2014 ～ 2015 NBA 球員薪酬分布

資料來源：http://www.americansocceranalysis.com/home/2015/1/26/visualizingmlssalaries.

我們看到，縱然能在 NBA 打球的球員都已經是非常優秀了，但他們的收入差異仍舊懸殊。可以想像，那些在更低級別聯賽打球的球員，他們的收入又會降到怎樣一個區間。豈止在職業體育，在大多數市場化領域，這種模式的收入分布普遍存在，雖然具體形態並不完全一樣，但走向趨勢大同小異。我們如果把圖 6-2、圖 6-3 合併起來，在圖 6-4 中就可以看到這樣一個殘酷的結果：

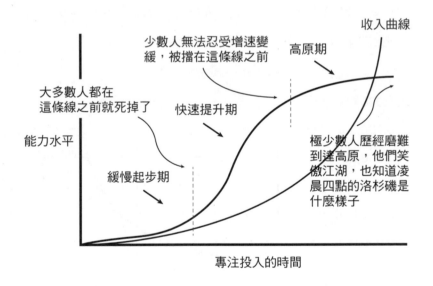

圖 **6-4** 能力水平、專注投入時間與薪資三者間的關係

　　從圖中可以看出一個明顯的事實，淺嘗輒止的人很可能將一無所獲，而專注投入走到最後的人將獲得超額收益。

　　有時候，我們能看到這樣的例子，各方面起始條件很差的人，因為沒有什麼其他的選擇，一旦抓住了一個機會，就一頭栽進去，堅定不移，最後果真做成了一番事業，這可能就叫置之死地而後生吧。而許多資源條件還不錯、可以有很多選擇的人，反而因為選擇太多而迷茫，始終無法對一件事做到全心投入，最後反而是一事無成。

　　這時可能有人會問，如果「我」有能力上的劣勢，導致我在做某些事情時力不從心，難道也不需要改進嗎？好，現在假設有一位創業者，也遇到了相似的問題，他的優勢是思維縝密、分析問題能力強，也有比較強的技術能力，但是在商務、運營、行銷這些方面明顯缺少經驗和能力，那麼他應該怎麼辦？當然，一種做法是他可以積極去充電、補上這些劣勢，但這麼做的效果肯定沒有另一種方法好——找一個他可以信任同時又在那幾個領域非常精通的合夥人。

　　喬治・莫舍（George Mosher）是哈佛商學院 1963 屆的畢業生，後來創立了國家商務傢俱公司（National Business Furniture）。在畢業五十年後，年逾古稀的他接受了哈佛校友會人士的訪談，在被問到對年輕人有何職業上的建議時，

莫舍把畢生的經驗總結為這樣一段話：「仔細考察自己的優勢和劣勢。利用自己的優勢努力工作，透過與人合作來平衡自己的劣勢，避免在很多不同方向上空耗精力。保持專注，把自己能做的做到最好，並保持留意新的機會。」

莫舍的這段話可謂金玉良言。人無法做到十全十美，可提升的方面實在太多，在有限的精力下，只能竭力發揮自己的優勢，將其發揮到淋漓盡致，而弱勢帶來的問題則可以透過與他人組成優勢互補的團隊來解決。但要是你沒有拿得出手的、顯而易見的優勢，有誰會願意和你組隊打怪呢？

發展自己的強項，並且尋找和結識與你能力互補的人，將使你終身受益。

03

你是「差不多先生」嗎？

——絕不苟且，才能做到極致

把一件事情做到極致

　　國畫大家齊白石的成才經歷能給我們很多啟發。齊白石出生於 1864 年，他的家庭並不富裕，所以十六歲開始拜師學習雕花木工，貼補家用。齊白石的木工師傅手藝很好，而他又認真好學，所以他的手藝也越來越好。又由於經常跟著師傅在外面做活，四處跑，也在那個地方漸漸有了些名氣。

　　齊白石學手藝，不僅勤動手，更善動腦。他發現，師傅和其他木工所做的雕花翻來覆去就幾個固定的式樣，什麼「麒麟送子」、「狀元及第」，沒什麼新意。於是他就開始創新，把國畫裡其他的一些元素如蟲草、花鳥等遷移到木雕裡。起初只是試探，沒想到雕出來的這些新品，頗受大家歡迎，這種經歷讓他對國畫有了強烈的興趣，但沒有人教他畫，而他能看到的國畫畫冊也是比較初級的，所以他一直無法真正入門學畫。

　　直到二十歲的一天，齊白石在一個主顧家裡工作時，發現了一套《芥子園畫譜》。《芥子園畫譜》是一套非常經典的國畫教科書，一個想學畫的人看到一套畫譜，就如同一個想學武的人看到了一套武功祕笈，如獲至寶。可是這套書是別人的，在當時又很稀少珍貴，他沒法從別處得到，於是只能向書主借來，用薄竹紙覆在書頁上，描紅一般把原畫一筆一筆勾描在竹紙上。就這樣勾畫了足有半年，畫了十六冊，才悉數描完，然後再把原書交還。

　　接下來的五年，齊白石靠這套勾描出來的《芥子園畫譜》做木雕，閒時也反反覆覆將書拿出來臨摹，勤學苦練，他畫畫的底子就這麼打了下來。後來齊白石的畫在當地出了名，引來名畫家收他為徒，有了專業指導後，齊白石的畫技更上一層樓，終於成了一代國畫大家。

　　發現一本好書，花半年時間抄下來，又花幾年時間學這一本書，這是在資訊匱乏時代的大背景下，一個求學若渴的年輕人所做的事。而在今天，有幾個人可以像齊白石那樣去讀書呢？

　　一部智慧型手機在手，我們的時間就被分割得七零八落，每天各式各樣的資訊如潮水般湧來，讓我們無所適從，不知如何選擇；我們的耐心越來越少，總是被標題吸引，打

開正文後匆匆看兩眼又馬上關掉；每天翻新的網路熱門話題，無外乎性、謊言、奇聞和窺探，到第二天就被我們忘得一乾二淨；我們幻想在一篇網文中尋找「實用懶人包」，希望發財致富、人生輝煌的不傳之祕能被一二三四五和盤托出，沒想到又被騙了一次點閱率；我們總是在找更多的資源，搜尋、下載、囤積，然後閒置，錯把硬碟當成自己的大腦……

如果說，齊白石的故事是一個「資訊匱乏時代手藝人的故事」，那麼第二個故事就是「資訊過剩時代的『手機藝人』——我們的故事」。

像齊白石這種長期專注和一絲不苟的精神，想必少有人可以企及。胡適曾寫過一篇趣文，叫〈差不多先生傳〉，文章裡虛構了一個叫「差不多先生」的人物，他有一句名言：「凡事只要差不多，就好了，何必太精明呢？」而這位「差不多先生」在我們很多人身上都有影子，所以胡適寫道：「差不多先生的相貌和你和我都差不多。他有一雙眼睛，但看得不很清楚；有兩隻耳朵，但聽得不很分明；有鼻子和嘴，但他對於氣味和口味都不很講究。他的腦子也不小，但他的記性卻不很精明，他的思想也不很細密……他的名譽越傳越遠，越久越大。無數的人都學他的榜樣。於是人人都成了一個差不多先生——然而中國從此就成為一個懶人國了。」

　　歷史學家羅爾綱年輕時曾擔任過胡適的助理，受胡適言傳身教頗多，他回憶說，胡適令他最為受益的教誨就是三個字：「不苟且。」什麼是「不苟且」呢？胡適說，不苟且就是「狷介」。

　　胡適認為，狷介不僅是一種德行，也是一種做學問的品格，也就是「一絲一毫不草率、不苟且的工作習慣」。羅爾綱早年就受這種「不苟且」精神的薰染，在自己的學習和研究中一以貫之地踐行，最終成了一位著名的歷史學家。

　　年輕人容易犯的毛病是熱情有餘，少了一些冷靜踏實；急於求成，少了一些耐心細緻。如果能早一些明白「不苟且」的重要性並躬身踐行、一以貫之，那麼人生之路可能就會好走很多，個人的才能也更容易培育和施展。

　　管理學大師杜拉克晚年回顧自己的人生，從經歷中總結出了七條人生經驗，其中第一條是「追求完美」。十八歲的時候他每個星期都會去歌劇院看一場歌劇演出，有一次他觀看由義大利音樂家威爾第創作的歌劇《法斯塔夫》，被深深震撼到了，隨後他查閱資料，發現這部偉大的作品竟然是威爾第在八十歲時創作的！

　　八十歲的威爾第早已經功成名就，享譽天下，為什麼在如此高齡還要辛辛苦苦地創作一部歌劇呢？威爾第在一篇

自述文章中是這樣寫的：「身為音樂家，我一輩子都在追求完美，可完美總是在躲著我。所以，我有責任一次次嘗試下去。」這番話對年輕的杜拉克有很大的影響，甚至成為他一生行事的準則，所以直到九十歲時，已經著作等身的他還在辛勤工作，寫出了思考未來管理問題的《21世紀的管理挑戰》一書。

在電影《進擊的鼓手》中，以教學嚴苛著稱的音樂教師佛烈契說，世界上沒有兩個詞比「Good Job」（幹得好）更有害了，因為這兩個詞讓人沾沾自喜，忘乎所以。尤其對於那些小有天分或者嶄露頭角的年輕人，這句評價會使他們陶醉在短暫或膚淺的成功裡，失去了進一步向上衝刺的動力。

看完這部電影後我也反思自己，我以前也是一個經常會對自己說「Good Job」的人。由於還算有點小聰明，我經常不費太大力氣就能走到別人前面，可是由於輕易自滿，不久之後腳步不知不覺地慢下來，反而有可能落後於人了。在我三十多年的人生歷程中，我也許是對自己說了太多的「還不錯」、「差不多」、「挺好的」，所以很多事情常常是「高開低走」，開局劈里啪啦打得不錯，後面就慢慢沒了聲響，最後不了了之。所以雖然曾經傾心做過很多事，但是仍沒有一件事做到了頂尖和極致。

不需要凡事追求完美

可你不要以為，我在提倡凡事都要一絲不苟、追求完美，我提倡的並非是這種「完美主義」。事事都追求完美，卻是忽略了每個人所具有的資源都是有限的。一個人就那麼點時間、那麼點精力，如果每件事都追求完美，那麼結果就是沒有一件事可以做到完美。所以要想一絲不苟地做事、把事情做到完美，就必須進行取捨：選取一件你認為最重要、對你來說最有價值的事，兢兢業業地把它做精、做細、做好；而其他次要事情，用七、八十分的標準去完成它們就夠了，另一些無足輕重的事，則能不做就不做。

努力的第一個祕訣在於「捨棄」。有捨，方才有得。齊白石的一絲不苟，是把幾年的時間都傾注在了一套畫譜上；羅爾綱的不苟且，是在太平天國史領域一以貫之的耕耘；杜拉克的追求完美，是每三、四年自學一門學科，一次只准自己學一門；村上春樹為了專心寫小說，關閉了自己苦心經營、收入頗豐的爵士樂酒吧。

當然，也有一些人可以做到在多個領域都有所建樹，但這些人並非是以「三心二意」的方式取得這些成就的，更常見的情形是，他們首先花了幾年的時間專注在某一個領域，

並達到了很高的水準，然後又轉投到另一個領域，並把以前成功的經驗遷移到新領域中，然後又達到了很高的水準。

可是在生活中，我經常會遇到這樣的年輕人，他們精力旺盛、興趣廣泛，什麼知識都懂一點，什麼事情都要嘗試一下，可是什麼事情都做不精，沒有什麼東西是真正擅長的。這就像挖了很多口很淺的井，結果一口井都沒有水出來，白費工夫。

在這個網路時代，資訊是爆炸的，知識是超載的，觀點是鼓噪的，熱門話題是速朽的。而反過來，專注在一件事上，精益求精、持之以恆的態度和行動，則是最稀少和最珍貴的。

當然，專注、堅持和一絲不苟並不是說要把與主業無關的其他東西都屏蔽掉或者拋諸腦後。專注是一種態度，但專注的行動是富有技術性的，而關於如何專注，也有很多學問在裡面。投資家和數學家塔雷伯在《反脆弱》一書中提出的「杠鈴策略」（Barbell Strategy）是一個有益的啟示。

在《反脆弱》一書中，塔雷伯用「脆弱」、「強韌」和「反脆弱」的三種型態來劃分世間萬物。「脆弱」的東西就像瓷器一樣，經不起些許的波動，一旦出現某種波動，可能就會出現毀滅性的後果；「強韌」的東西好似岩石，可以經受各種衝擊和意外而毫髮無損；而「反脆弱」的東西與前兩者都

不同，它不強韌，但可以從程度較小的負面波動事件中受益，比如人體的免疫系統，經受小病小災的衝擊後，反而會更加強大。因此，不論是一個個體還是一個組織，都應該盡量追求避免陷入「脆弱」的境地，而盡可能地實現「反脆弱」。

在知識的範疇下，也存在「脆弱」、「強韌」和「反脆弱」的三種型態。例如在社會科學研究中，「現象」是強韌的，而「理論」卻是脆弱的，因為現象可以被重複觀測、反覆證實，而理論卻很容易被推翻和代替。很多人聽說過諸如馬太效應、破窗效應、鯰魚效應、雞尾酒會效應和責任分散效應，可是解釋這些背後的理論呢？很少有人能說得出來。實際上，理論界本來就對這些現象的解釋眾說紛紜，難以達成一致，而「反脆弱」的知識往往是在實踐中摸索掌握的，特別是人們在不斷犯錯和反思中獲得的知識，往往最為強大。

再回到專注的取捨問題，每個人的時間都是有限的，他可以學習的寶貴知識卻無窮無盡，一旦做出學習某塊知識的選擇，就意味著付出了暫時無法學習其他知識的機會成本。更普適的問題就是，正如前面所分析的那樣，一個人到底應該完全專注在一個狹窄的專業領域上，還是廣泛涉獵多個領域的知識呢？塔雷伯的答案是採用「杠鈴策略」。

所謂杠鈴策略，就是同時採取兩種極端行動：一方面，

也就是在大多數投入中，採用能夠抗拒負面「黑天鵝」風險的強韌結構，也就是專注在一個既定的領域進行學習；另一方面，拿出較小的一部分時間，進行積極大膽的探索和嘗試，以博取迎接正面「黑天鵝」事件的機會。

　　具體來說，假如你每天有十個小時的固定學習時間，那麼你可以選擇「二八分」的方式，把其中的八個小時專注在你的主業上，在這些時間裡，你必須時刻提醒自己避免各種網路雜訊的干擾，不要讓各種社交媒體或者其他媒介分散你的注意力；而在餘下的兩個小時中，你可以進行完全自由的學習，接觸各種不同領域的知識，學習一些小而美的技能，嘗試一些富有創意的遊戲……

　　一方面我們要照看好自己的主業，以儘量高的標準要求自己，力求在這個領域培養出非常高的才能；另一方面，對於其他事物我們也要保持開放、包容的態度，用相對少量的時間廣泛涉獵，以捕捉和發展未曾預料的資源和機會，從而實現個人才能的最大化。

04

挑戰是設計出來的

—— 不斷為自己設計「必要的難度」挑戰

高難度挑戰，激發無限潛能

如果不是林納斯・托瓦茲（Linus Torvalds）一不小心搞壞了自己原本電腦中的 Minix 作業系統，那麼他獨自開發的 Linux 系統可能就會止步於一個非常原始的版本，變成一個被早早廢棄的實驗項目了。

那是 1991 年底的事，就在三、四個月前，托瓦茲剛剛在一個技術圈裡發布了第一版 Linux 系統。他開發這個系統原本只是出於興趣和好奇，已開發出的這個初始版本也非常簡單，只能執行一些基本的功能，他打算不久後就結束這項工作。可是由於一次操作上的失誤，他原本用於開發 Linux 系統的 Minix 系統環境被損毀了，這意味著如果想要完成 Linux 開發的結尾工作，要麼重新安裝 Minix 系統，要麼直接在 Linux 系統中進行開發。

本來用 Linux 系統開發 Linux 系統在理論上是可行的，

但之前托瓦茲從來沒有實踐過，原因可能是 Minix 系統更加成熟和強大一些，他自己用起來也更加得心應手。最終托瓦茲決定嘗試一下新的挑戰，他沒有重新安裝 Minix 系統，而是直接在 Linux 系統中進行開發。

這就意味著，這個誕生不久的 Linux 不再只是一個用來擺弄的玩具，而是能發揮實際用處的工具了。沒想到一發不可收拾，隨著使用 Linux 系統越來越頻繁和深入，托瓦茲一點一點幫這個系統增加新的功能，升級原來的架構設計，同時又開放給越來越多的人開發和使用，終於使得 Linux 成了世界上最具影響力的開源作業系統。

一個惱人的意外變成了邁向成功的契機，這樣的事例在人類的歷史上屢見不鮮。托瓦茲的故事帶給我們的啟示是：人是需要一些挫折、失敗或者高難度的挑戰來刺激的。如果總是一帆風順，就會一直待在自己的「舒適圈」裡不肯出來，潛能就無法被充分激發。從這個角度來說，挑戰和才能是相伴相生的，沒有足夠的挑戰就催生不出傑出的才能，越是具有傑出才能的人也越有可能接近高難度的挑戰。

從挑戰的角度來看待我們接受的教育，就能發現一個嚴重的問題：我們在求學過程中面對的挑戰是非常匱乏的。國中、高中的升學考試都是強度很大的挑戰，但是它們太單一、

太單調了，而大學裡面的挑戰是多元和豐富的，但這些挑戰的強度又往往不高。所以總的來看，我們所接受到的挑戰是遠遠不夠的。因此，為了培養自己的才能，我們就需要更具難度的挑戰。

國外一些教育專家曾試驗過，人為設置的嚴苛挑戰會對個人的潛能帶來什麼樣的激發作用。史丹佛大學的創新學教授蒂娜・塞利（Tina Seelig）曾做過一個實驗。她把班上學生分成十四個小組，每個組只有五美元的「創業資金」和兩個小時來賺錢，最後各組要向全班進行展示所賺金額，決出賺錢最多的隊伍。這個任務大大激發了同學們的創造力，他們想出五花八門的主意去完成這個挑戰，最後，獲勝隊竟然賺到了六百五十美元，各隊的平均利潤率也達到了 4000％！

一個小組的做法是在學生宿舍門口擺一個攤位，免費檢測自行車輪胎的氣壓，如果充氣則收取一美元的費用，結果發現同學們不僅頻頻光顧，而且對這項便民措施非常感激，於是這個小組在一小時後改變策略，把固定收費變為自願付款，結果營業額提升更快，最後賺了幾百美元。還有個小組更絕，乾脆把三分鐘的 PK 展示時間賣給了一家公司，讓他們在課堂上播放廣告，結果這個小組拔得頭籌、輕鬆奪冠。

試想一下，如果塞利教授給的任務條件不是「五美元＋

兩小時」，而是資源充足的「五十萬美元＋兩百天」，學生們還能表現出這麼高的創造性嗎？還會絞盡腦汁去構思那麼多新奇的商業模式嗎？是不是他們反倒會落入俗套，仿照一些創業公司的陳舊套路，變得創造力和顛覆性全無了呢？

為自己的學習增加「必要難度」

不僅對於創造性，對於學習能力的激發，有挑戰的任務也是非常有效的刺激物。加州大學洛杉磯分校的心理學教授羅伯特・比約克（Robert Bjork）和伊莉莎白・比約克（Elizabeth Bjork）夫婦是學習策略研究領域的權威，他們根據自己數十年的研究，提出了一條重要的提升學習效果的原則，叫「必要難度」（Desirable difficulties），白話來說，就是學習的時候，要替自己增加一些難度，這對提升學習效果是非常必要的。

按照比約克夫婦的理論，學習的效果主要取決於你對知識和技能的「提取練習」，而「提取練習」的效果可以用「提取強度」（Retrieval strength）來衡量。當你以一種簡單容易的方式去學習時（比如學完一個新東西馬上測試而不是延遲一段時間再測試），你的記憶提取過程會很流暢，知識提取強度也比較低，這時你的頭腦會欺騙你，讓你誤以為你已經

很好地掌握了這些知識，高估學習的效果。

相反，在學習和練習時，如果能刻意增加難度，給自己增加一點小障礙，比如在學完知識後延遲一段時間再做練習，或者學習不同科目的知識後進行交叉練習，又或者變換不同題型來做練習，那麼知識提取強度就會增加，學習效果就會更好。練大腦就像練肌肉，得科學「加量」才行。

為了增加知識和技能的「提取強度」，在學習的過程中，我們還可以經常「自己考自己」，一邊學一邊測，甚至在學得還不充分的時候就啟動測試。這種情況下，測試的成績可能會不理想，不過沒關係，這種稍難的考驗正好能強化我們對這些知識的儲存和構建。

我們還可以刻意地「走走停停」，把原本習慣的集中學習一個領域的方式改為把時間打散來學習，因為分散學習的挑戰更大一些。集中學習時，相關的學習材料已經反覆熟悉，學習過程中會體會到一種「流暢感」，於是人會高估自己的學習成果，減少繼續學習的投入。

舉個例子，假設你在背一首古詩，現在背幾遍記住了，然後過十分鐘又嘗試背一遍，順利地背了出來，這時你會自信地認為自己確實已經把這首詩背下來了，於是就不再去背，轉而背下一首，但三天以後如果再讓你背，你很可能就

忘掉了。而分散學習則反過來，每次重新拾起之前一段時間學的東西，你都會感到有點陌生，你都會感受到一點思維的「阻滯感」，這時你會低估學習的效果，從而刺激進一步的學習投入，同時這時做測試也會遇到更大的挑戰，引發強度更高的記憶提取過程，使得記憶更加牢固和持久。

　　「必要難度」理論充分說明，勇敢地去迎接有難度的挑戰對個人才能的提高非常有益，而要做到這一點，有個關鍵的操作要領——不要滿足於完成「標準動作」。大多數領域的鑽研都有一套通行的教育或者培訓方法，裡面會規定很多練習的「標準動作」，學習並完成這些「標準動作」當然是基礎，但還遠遠不夠。因為常規的訓練方法是為大多數人設計的，要照顧到多數人的接受程度，就只能把挑戰難度設定在中等或者最多中等偏上的水準。比如大多數的教科書，每章的課後練習都不會太難，就是這個原因。

　　如果要在某個領域達到非常優秀的水準，那麼顯然不能滿足於這些標準訓練，而是要主動突破，去尋求更高難度的挑戰。如果你有條件或者機會得到某個高水準老師的指導，讓他來為你設計這些練習，當然是最好不過的。若沒有這個條件，你就只能自己當自己的教練，為自己設計有難度的「非標準動作」，這樣才能達到你所想要的程度。

構建個人的挑戰階梯

在設計挑戰任務的過程中，還有一個問題是「難度適應」。就是經過某個難度挑戰的反覆訓練後，個人的能力提升到了相應的水準，這類挑戰的難度在學習者眼中就下降了，甚至進入了「舒適圈」，這時就應該思考如何設計更有難度的挑戰。這樣一級一級的難度上去，就構成了一個「挑戰階梯」，順著這個挑戰階梯，人就可能攀上才能的頂峰。

以英語學習為例，很多人主要的英語學習管道就是背單詞，可單詞背得再多，也只是量的累積，在挑戰的難度上只是維持在同一個水準，並沒有往上攀升。而反過來，著名的英語脫口秀譯者谷大白話的英語學習之路就可以給我們很好的啟示。

谷大白話原本是學中醫相關專業知識，和英語風馬牛不相及，可是他因為個人興趣開始自學英語。早期他和很多人一樣，背單詞、考託福、考 GRE，當這些挑戰都完成後，他開始聽英語電臺（VOA、BBC）。剛開始聽英語廣播，他覺得實在是太難了，但他硬著頭皮扛了下來。苦練幾個月後，他發現自己再聽英語廣播一點都不覺得困難了。而且他發現英語廣播發音規範、語速適中，有規律可循，也容易練出來。

　　換成別人，可能就到此為止了，可他偏不，他開始挑戰更有難度的任務：聽有各種地方口音的英文，就這樣聽了幾個月後，他又覺得這不難了。緊接著，他開始觀看英語脫口秀，脫口秀的特點是不僅語速快，而且穿插了很多俚語，這些俚語有時連 Google 都找不到，只有憑藉深厚的文化背景加上查找很多資料後才可能理解，可最後，谷大白話連這個堡壘都攻克了，他聽譯出了大量很少有人能譯出的英文脫口秀節目。

　　在整個英語學習的過程中，谷大白話一直在進行自我挑戰，他並沒有滿足於常規的英語學習方法，而是不斷地去進行更高難度的訓練。用他自己的話說就是，他是在用「死磕」的精神學英語。如果用挑戰的觀點來看，他就是用「挑戰階梯」來學習，推著自己快速往前走。

　　可想而知，在這個過程中，谷大白話經歷了多少失敗、挫折、苦悶，如果他像其他大多數英語學習者一樣，滿足於完成「標準動作」，則根本不必經歷這些，但也正是這樣的挫折和失敗，加速了他的成長。

　　我想千千萬萬學英語的人，投入了大量的時間，卻沒有得到很好的結果，原因可能並不在於他們的時間花得不夠，或者天賦不佳，而是沒有膽量和勇氣去挑戰高難度的學習任

務，讓自己停留在常規性任務裡，最後取得的成果就和谷大
白話有了天壤之別。

05

不帶痛苦地堅持到底

—— 只有繼續深入，才能培養出真正的興趣

意志力只是一個神話

　　當一件需要長期堅持的事擺在我們面前時，我們總喜歡談論意志力的重要性，好像只要你意志力足夠強就能堅持到底一樣，如果你沒有堅持到底，那一定是意志力的原因。

　　我從沒有相信過這種意志力的神話，在我看來，意志力是非常不可靠的，你越強調它、越依賴它，你中途放棄的可能性就越大。因為意志力總有可以承受的極限，就像一根已經繃得很緊的繩子，若是再用力的話，隨時都會斷裂。

　　如果我能長期堅持去做一件事，一定是這件事帶給我的豐盈感和滿足感超過了我的所有付出，一定是這件事日日夜夜縈繞在我的心頭，讓我欲罷不能，一定是這件事喚起了我內心深處最強烈的興趣。也就是說，賜予我力量的，是激情的驅動，而不是意志力的鞭策。

　　這種想法不只是我獨有，科學研究也證實了這一點。心

理學家愛德華・德西（Edward Deci）透過實驗發現，在興趣這種內部動機的驅動下，人們完成同一任務的表現比在物質獎勵的驅動下更好。

可現在這個時代，很多人同時患上了「興趣饑渴症」和「興趣寡淡症」，人們很想知道自己到底喜歡什麼，所以做了很多嘗試，但是不論怎麼嘗試，過不了幾天、幾個星期，最初的激情就差不多消失殆盡。

一個原因是，如果對一件事的瞭解不深、不透，總是淺嘗輒止，那自然體會不到這件事的妙處，也自然不會產生持久的興趣。這讓人容易踏入死循環：瞭解不夠導致興趣不足，而興趣不足又無法加深對它的瞭解。

另一個原因是，人總是喜歡輕易地下定論、貼標籤，用過於簡單的概括來代替細緻深入的觀察。可是，在你還沒有深入瞭解一件事情之前，你對它的判斷很可能會差得十萬八千里。這像是另一個死循環：由於瞭解不足而判斷失誤，而判斷失誤又妨礙了深入瞭解。

越是急於尋找自己「真正的」興趣就越是尋覓不到，因為這個急於求成的心態，常使我們淺嘗輒止或者妄加評判，消耗了我們原本就不多的耐心，使我們離「真正的」興趣越來越遠。

因為努力而熱愛

改變這種局面是有一些方法可循的。

一是放棄對「興趣」的執念，不把「興趣」作為做事的先決條件。寧可傻一點、笨一點，去做一些不怎麼喜歡但看起來又富有挑戰的事，或者去做一些少有人做但又看起來很有意義的事，並且咬咬牙，多堅持一段時間，或許就能把死循環的死循環打破，開啟新的良性循環。

不以興趣作為先決條件，並不是說不再追求興趣或者忽視興趣的重要性，而是調整一下順序，不再是要求先有興趣再努力做事，而是先努力做事，再在努力的過程中獲得樂趣和熱愛。

二是提升「浸潤」的深度，即儘量讓自己全身心地投入到所做的事情裡面，不只用冰冷的理性，更要用溫暖的情感和良好的心理體驗來激發興趣。那麼如何做到這一點呢？以讀書為例，把生活的樂趣融入讀書的樂趣中就是一個不錯的選擇。

林語堂在《讀書的藝術》一文中很推崇李清照：「最理想的讀書方法，最懂得讀書之樂者，莫如中國第一女詩人李清照及其夫趙明誠。我們想像到他們夫婦典當衣服，買碑文、

水果，回來夫妻相對展玩咀嚼的情景，真使我們嚮往不已。
你想他們兩人一面剝水果，一面賞碑帖，或者一面品佳茗，
一面校經籍，這是如何的清雅，如何了得的讀書真味。」把
讀書的樂趣融入生活的苦辣酸甜之中，融入夫妻間的濃濃愛
意之中，便是李清照夫婦的讀書藝術。

三是增加互動，變單向的資訊流動為雙向的資訊演繹，
或者變純粹的知識獲取為技能上的操練。這方面，馮唐讀史
書是個很好的例子。

當代作家馮唐的小說語言帶有鮮明的古文特色，這與他
曾閱讀大量史書有關。小學高年級時，他就受一個老師影響
開始讀史書，國一時更是發下宏願要把《二十四史》全部讀
完。要知道《二十四史》共計四千多萬字，要讀完幾乎是不
可能的，可最後他竟也讀了三分之一。

馮唐讀史書一點都不覺得辛苦，反倒是興味盎然，他的
訣竅是把史書當作練習題集來讀。什麼意思呢？讀的時候假
想自己就是那一朝、那一代的皇帝，只要書中一出現大臣在
殿上上奏的內容就停下來，遮住書頁，想想自己會做什麼樣
的決定，然後再和書上的記述相對照。這種方法，讓馮唐能
更加主動地思考歷史事件，更加深入地分析和評價歷史人物
的得失，從而訓練了自己的判斷力和決策力。這種互動性的

閱讀把被動、單向的知識接收變成了主動的思考訓練和技能訓練，在趣味性和學習效果上都遠遠超過了普通的讀書法。

把被動的事變成主動

鑽研的過程中如果處處掣肘、束縛太多，那麼即便起初興致盎然，這種激情也可能被慢慢磨掉；如果自己發揮的空間比較大，比如自行把控方向和進度，那麼即便一開始興味索然，之後興趣也可能一點點生長出來。

當代心理學中有一個著名的理論叫「自我決定論」，說人有三種基本的心理需要，分別是自主（Autonomy）的需要、勝任（Competence）的需要和歸屬（Relatedness）的需要，如果這些需要得到了滿足，那麼人就會更加主動、積極和愉快地工作和學習。其中自主性非常關鍵，自主性越強，就越能激發出興趣。

在不同的領域鑽研，自主程度可能天差地別，而電腦極客（Computer Geek）可能是自主程度最高的「工作種類」。托瓦茲在自傳《只為歡樂》（*Just for Fun: The Story of an Accidental Revolutionary*）中寫道：「計算機科學和物理科學有不少相似的地方，它們都是在一個非常基礎的層面上，探

討整個學科的運作原理。當然，不同的是，在物理科學上，你得去弄清楚這個已存在的世界是如何正常運轉的；而在電腦科學上，你得從零開始，創造出一個新世界來，而且還得設法讓它正常運轉。在電腦的世界裡，你就是創世者，對這個世界裡發生的一切都有最終決定權，如果鑽研得足夠好，你就是這個世界的上帝。」

正是在電腦世界中享有這樣充分的自主和自由，電腦極客們才會對電腦技術如此熱愛。他們可能一坐在電腦前就顧不上吃飯、睡覺，如癡如狂。所以著名駭客凱文·米特尼克（Kevin Mitnick）曾說：「遇到的挑戰越大，獲得的快感也越強。」

而在另外一些如師徒傳習的領域，自主的空間就相當小了，因為徒弟通常要嚴格遵從師傅的教導。即便如此，徒弟仍舊可以保留獨立思考的權利，京劇「四大名旦」之一的程硯秋就有這樣的經歷。

他幼年家貧，六歲時就投入榮蝶仙門下學習京劇。榮蝶仙這個老師的特點是態度嚴厲、要求嚴格，甚至常常打罵學生。程硯秋偏偏又是個很能吃苦的孩子，學起功夫來一絲不苟，但他並不盲從師傅，而是喜歡獨立思考，有自己的主見。一次榮蝶仙教他練青衣旦的步法，練習的方法是手捅著

肚子、壓住腳跟、來來回回地走，說一定要這樣練，練出來的姿態才能體現出青衣旦莊重大方的儀態。

可是程硯秋心裡生疑：「手捂著肚子怎麼會練出莊重大方呢？」一次外出時他留意到街上抬轎的轎夫，步伐極穩健，心生好奇就一路跟著看，跟了幾里地。然後他想道：「何不試試按照轎夫的步法來練習呢？」練了段時間後，他發現效果果然不錯。

不久後他又去請教了其他的京劇名師，學到了一種頭上頂一碗水的碎步練習法，這樣反覆練習後上臺演出，反響遠超原來捂腹練習法的效果。從觀察生活中的現象、做試驗再到請教高人，程硯秋完成了一個完整的自主探索過程，這不僅讓他練好了步法，更給了他自主探研的自信，也加深了他對京劇這門藝術的領悟和熱愛。

阻礙我們自主探索的一個障礙是，我們把一些過來人似是而非的「經驗」當作教條，自己束縛住了手腳，而這通常發生在新手身上。經驗豐富的人知道，再看似有理的教條也只是在某些情境下適用，並沒有非此不可的道理。

著名書法家啟功就批評過種種學習書法的教條，認為它們誤事，害人。比如毛筆怎麼拿，怎麼拿是對的、怎麼拿是錯的，有嚴格的標準嗎？沒有。又如臨什麼帖，學什麼體，

用什麼紙，有什麼一定之規嗎？也沒有。他直言道：「寫字為什麼？我把字寫出來，我寫的字我認得，給人看人家認得，讓旁人看說寫得好看，這不就得了嗎！你還要怎麼樣才算合『法』呢？」

言下之意，好的求索者，在學習別人的同時，更要懂得自己去琢磨，筆怎麼拿最舒服，選什麼帖最合自己的胃口。他們能看到框架之外自由運用的空間，自己拓展出新領地來，他們的學習帶著一種探險的意味，懂得幽然無人的妙處，能夠返景入深林，收穫也更大。

所以，如果你做一件事的時候，先不要去問有沒有興趣，而是先做，而且很投入、很專注地做，並懂得如何把一件單向的事變得雙向，把一件被動的事變得主動，那麼你就可能品嘗得出其中樂趣，一點也不痛苦地堅持做下去。不需要意志力拖著你走，你自己就勇往直前，奔得很遠了。

精彩提煉

- 每個人都具有自己的獨特優勢，並且可以透過努力變得更優秀。

- 努力不是一味地用力，而是一種具有策略性的活動，可以不斷學習和優化。

- 在個人資源有限的情況下，我們首先應該集中資源，投入發展自己的一項優勢才能。

- 把時間主要投放在一個領域裡，以儘量高標準要求自己，培養出非常高的才能。

- 用相對少量的時間廣泛涉獵，以捕捉和發展未曾預料的資源和機會，實現個人才能最大化。

- 不斷為自己設計有難度的「非標準動作」，在挑戰中獲得才能的提升與飛躍。

實踐練習

1. 請利用蓋洛普的「優勢識別器」測驗你的優勢才能，並結合你的實際狀況，看看是否符合。

2. 在你現在的學習或工作中，以上對你具有最大價值的優勢才能是什麼？在你所在的群體裡，屬於什麼階層或是等級？

3. 為你的優勢才能設計下一步要挑戰的難度，並落實成具體的訓練計畫。

4. 在你的每一次挑戰中，把事情做到十分滿意，再開始下一步挑戰計畫。

5. 你對你現在的學習或工作感興趣嗎？如果沒有興趣，
   是因為什麼？

6. 多瞭解你所從事的領域，並專注地投入進去，你是否
   對它有了更多的興趣？

7. 對於這件事，你可以主動去做哪些，讓它變得更好？

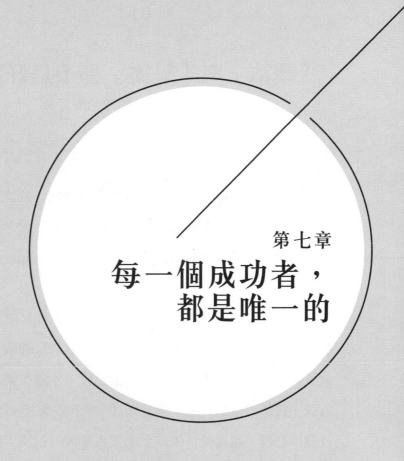

第七章

每一個成功者，
都是唯一的

因為你的存在，
這個多元的世界又增加了一種新的可能性。

01

「學渣」與「學霸」都不是好選擇
——做一個主動探索的學習者

傑夫・拉斯金（Jeff Ruskin）曾是矽谷的一位傳奇人物。他是蘋果公司的早期員工，曾開創和主管著名的「麥金塔」電腦專案，後來又創辦資訊設備公司（Information Appliance Inc.），任 CEO。

他大學就讀於紐約州立大學石溪分校，同時攻讀數學、物理、哲學和音樂，後來又拿了一個電腦科學的碩士學位；他曾經試圖攻讀哲學和音樂的博士學位，不過後來又轉移了方向，最終以電腦為業；他曾任加州大學聖地亞哥分校的視覺藝術教授，還曾經擔任舊金山室內樂團的指揮；他的繪畫作品，曾在紐約現代藝術博物館和洛杉磯美術館展出；他還是一位發明家，設計過飛行器、新型鋼琴和數控機床，更別說在電腦領域的發明了；他自稱是一名「元程式師」（Meta-Programmers），因為他總是在思考如何創造革命性的資訊系統，從根源上改變人們與資訊交互的方式。

　　拉斯金是一位典型的「自主探索者」，他不讓自己的視野局限在一個專業裡，而是任由自己的才能在不同的領域穿梭滑翔；他不循規蹈矩，不遵從任何權威的意見，他在蘋果公司任職時，經常和賈伯斯有理念上的分歧，但他一直堅持己見；他是一位堅持自己所愛的人，作為信息通訊領域裡的藝術家，他畢生思考的問題，是人們如何更加簡單、優雅地使用資訊產品，使這些產品能夠融入人們的日常生活。

　　顯然，他不是那種整齊劃一的教育體制可以培養出來的人物，他靠自我教育成才。他既不是典型的「學霸」，也不是「學渣」，「學霸」是一直能考高分的人，而要考高分，勢必會嚴格遵從學校的培養計畫，把大部分時間花在標準課程的學習上，這就造成自己沒有多少可自由施展的空間；而「學渣」則相反，他們不適應或者拒絕學校的培養，但自己又沒有足夠的自控力和企圖心來進行自我教育，因此常沉淪在無休無止的娛樂和消遣中。

標準化教育的風險

　　對一個大學生來說，嚴格遵循學校安排的教育計畫有很大的風險。風險來自兩個方面，一是高中教學內容的更新速

度趕不上社會整體的前進步伐。

　　我讀大學時，有幾本專業課教材，竟然還是十五年前編寫的。但即便採用最新的教材，與瞬息萬變、不斷創新的市場相比，課堂教學仍然遠遠不能滿足培養新型專業人才的需要。據一位美國教育家統計的資料可知，「在全世界今年入學的新生中，有 65% 的人在未來將會從事現在還不存在的職業」。那麼這些職業所需的知識和能力怎麼可能在學校裡學到呢？

　　二是大學中講授的內容脫離環境應用，教師缺乏實際操作的經驗，很多領域的知識是基於實踐的，而大學教師的評定主要是看論文發表的情況。一個學術水準很高的老師，很可能並沒有將所學知識應用在實際中的經驗，而在大學求學的學生，大部分還是得走出校門，去做應用型的工作，這意味著老師們並沒有能力來引導他們如何學以致用。

　　曾任哈佛大學哈佛學院院長的哈瑞‧路易斯（Harry R. Lewis）在《失去靈魂的優秀：哈佛如何忘卻其教育宗旨？》一書中坦言，「教師和學生在學術競爭中共同得益，但他們追求的生活目標各異。很少有學生希望將來成為專家學者；而大多數教授肯定不希望（學生們）再另謀高就」。他指出，「在著名的研究型大學裡，為了獲得職稱升遷，教授們在自

己領域接受的培訓日益狹窄、專門化和高深化。終身教授的資格在多數情況下授予研究成果突出的教師,很少授予教學貢獻突出者。在這一過程中,教師是否有興趣或有能力幫助學生成長,則根本不予考慮」。

　　學霸選擇依從,學渣選擇逃避,但有一點又非常相似,就是他們都沒有培養出學習的自主性,並沒有回答好自己到底想學什麼、怎麼學好的問題。很多人參加完大考,就糊裡糊塗地由著各種想像選擇了一個科系,沒有機會和能力來想到底適不適合,然後因為路徑依賴,便將就著學下去,喪失了更好地發展自己的機會。

　　可汗學院創辦人薩爾曼‧可汗對美國的基礎教育曾提出尖銳的批評,他說美國的學科細分、固定課時、標準劃一的教育制度是從十八世紀普魯士人那裡遷移而來的,近一、兩百年來沒有任何根本性的革新。而普魯士式教育體系的初衷「並不是教育出能夠獨立思考的學生,而是大量炮製忠誠且易於管理的國民,他們在學校裡學到的價值觀讓他們服從包括父母、老師和教堂在內的權威,當然,最終要服從於國王」。這種教育體系潛移默化的影響是,「那些無法瞭解到第一手資訊的學生以及那些只被灌輸了抽象、片面資訊的學生往往會很順服,並且缺少主見」。回頭看看中國教育,這

種標準化教育的弊端更為明顯，它使學生成為一個個沒有個性的人，一個個只知道被動接受知識而不會主動探索知識的、喪失了好奇心和冒險欲望的個體。

從被動學習轉為主動探索

很多大學生會寫信給我，問我：「到底應該用什麼方式來度過大學的四年時光呢？」我的回答是：「關鍵是改變自己的角色，讓自己從一個『學習者』變成一個『探索者』。」

探索者當然也是學習者，但他除了透過學習來掌握現有的知識外，他還要進一步深入地探索，突破教師、教材、課程計畫的種種限定，建立自己獨特的研究軌跡，去拓展和發現一個更開闊也更深邃的世界。如果你總是在某個專業的壁壘裡打轉，視野就會變得越來越狹窄，即便本領域的提升也會越來越艱難，很容易就碰觸到天花板。

綜觀許多學有所成的大家，他們一方面有著幾十年如一日的研究主線，但與此同時也對其他領域的知識和機會保持著好奇和探索的欲望。以需求層次理論而聞名於世的美國心理學家馬斯洛，沒有任何門戶之見，總是不斷地去接觸和瞭解心理學的不同分支以及與心理學關係密切的學科，所以他

一生中從事過多個領域的研究，包括靈長類動物的比較心理學研究、性心理學研究、精神分析、格式塔心理學、人類學、管理學、存在主義哲學和禪宗思想，也正是這樣多方面的涉獵，他的人本主義心理學思想才逐漸成型，並發展成一個重要的心理學流派。

正如我在討論才能的章節中所論述的，讓自己專注在一個領域精益求精是培養才能的必經之路，但是與此同時，當你在一個領域中有一定鑽研後，你還需要從其他學科或者領域中尋找新的知識和思想的養料，來充實和啟發你所精研的領域。而這些，在一個規範、標準、統一的專業分隔的培養軌道裡面是體會不到的。

那麼，要一個大學生成為一個主動、自主的探索者，具體應該怎麼做呢？以下是一些具體的建議：

1. 善用學校的平臺資源

做一個自主探索的研究者不等於和學校「決裂」。相反，自主探索意味著根據你的目標，選擇利用一切有價值的學習資源，這當然就包括「近水樓臺先得月」的學校。學校資源包括圖書館、口碑不錯的老師，以及優秀的同學、學長。

蹺課在大學裡是一個很有爭議的話題，有些人蹺課並沒

有什麼特殊的原因，可能就是受同學和室友的影響，把蹺課當成了大學生活必不可少的部分；有些人蹺課是因為老師上課乏味，讓人昏昏欲睡；有些人蹺課是因為認為有些課並沒有開設的必要，不如按照自己訂立的學習計畫來學習。

第一個原因是比較無稽的，因為一個人應該獨立地為自己做選擇，而不是輕易地受外界的影響。第二個原因可以理解，但是也要注意，不能以是否「有趣」作為評價一門大學課程是否值得聽的標準。因為大學畢竟不是小學，「寓教於樂」縱然不錯，但這不是必需的。越往縱深學習，老師所講授內容的深度和難度，都使得保持「富有趣味」變成一件很難的事。

第二個原因也與老師的教學風格甚至個性稟賦有關，有些學術專家生性內向，行事嚴謹，不苟言笑，他們上起課來可能一板一眼，枯燥乏味，但是卻知識滿滿，如果對這些課棄而逃之，豈不可惜？學習本來就是一件費力艱難的事情，不要為了一時的懶惰或者畏難的情緒而錯失好機會。

對於第三個原因，需要區別看待。首先我不贊同大學生在低年級時就經常蹺課。原因很簡單，如果把蹺課當成一種決策，那麼低年級學生作為某個領域的初學者，並沒有足夠的能力去評價一門課的價值和優劣。在這種情況下，做一種

積極的預設判斷要優於消極的預設判斷。除非你有完全的把握，以及可靠完善的替代學習計畫，否則，遵從學校的安排來學習才是最佳策略。但是到了大二下學期或者大三以後，當你對這個專業的瞭解變得比較深入，也漸漸形成了一些專業眼光之後，你可以更加自主地去決定自己想要學什麼、不要學什麼。

2. 善用網路的優質教育資源

今天的時代已經與十年前甚至五年前都大不相同，線上教育如火如荼，MIT 等世界名校開放課程，TED 等講臺讓各方高人輪番登場布道，中國的線上教育也是方興未艾。

在這股浪潮席捲之下，今天的學生不論在物理意義上他們身處哪裡，在知識和思想的層面上，他們可以自由出入的課堂已經遍布整個世界。這種前人無法想像的新條件，為年輕人的自我教育和自我成長提供了豐沃的土壤。

可是，面對史無前例的世界教育資源的大開放，很多人並沒有充分利用好這個機會。據悉，世界三大線上課程學院（Coursera、Udacity、edX）學生的課程完成率（即最終完成課程並獲得證書的人數占報名人數的比例）只有 5%～10%。線上學習者由於缺少了老師和學校的監督，較難透過

自制力和自我管理來完成課程。但是，如果每個學生都成為
一個自主、自覺的學習者，知道自己想學什麼、要學什麼，
那麼我相信，這個比例會大幅上升。

3. 主動試錯

　　嘗試可能會犯錯，可能會遭遇失敗，但失敗是包含資訊
的，甚至比成功包含的資訊量更大。因為成功常是由多種因
素的合力促成的，由於因素太多，所以很難找到確定的因果
關係，而從失敗中找到敗因則容易許多。除此之外，錯誤還
使我們更有韌性。

　　塔雷伯在《反脆弱》一書中說，我們應該儘量達到一種
「反脆弱」的狀態。在這種狀態下，需要付出較小代價的錯
誤往往是有益的，它們可以讓我們變得更加強大和完善。所
以我常稱自己是一名「悟敗者」，在我過往的人生中，成功
經歷寥寥，但我總是會從曾經的失敗或者錯誤中學習，所以
我很少犯兩次相同的錯誤。

　　彼得‧杜拉克寫過一篇著名的文章，叫〈自我管理〉。
在這篇文章中，他介紹了一個自己親自實踐了二十年的方
法，叫「回饋分析法」（Feedback analysis）。這種方法很簡
單，就是自己做出一個選擇的同時，寫下自己期望的結果，

然後等待若干個月後，再用實際的結果與之前期望的結果相對照。杜拉克認為，透過這種方法，人們就可以發現自己的優勢，同時也可以瞭解到「哪些工作是他們不擅於勝任的」，從而確定他們「不具有優勢和不能涉足的領域」。

在大學裡待了九年，然後走出校園進入職場，我最大的感觸是：讀大學是人一生中試錯成本最小的時期。大學提供了一個相對寬鬆的平臺，讓學生可以自由地去嘗試和經歷，同時不必擔負太多的責任。只要不是太出格，即便嘗試失敗了，也不會造成太嚴重的後果。而一旦走上工作崗位，你所處的環境就不再有這樣的耐心去容許你犯錯誤，而且一個人的職業生涯又有很強的路徑依賴性，這樣，試錯的空間就被壓縮得很小，試錯的成本就變得很大。很多人回首自己的大學時代，感慨的並不是時光的匆匆而逝，而是自己沒有去嘗試更多的機會，後來只得面臨選擇越來越少的窘境。

4. 瞭解和評估自己智力資產的價值

一個自我教育者應該學會定期審視自己的所知和未知，能評估自己所學知識的價值，特別是在實踐領域中的價值。當然我並不是說，沒有應用價值的知識就不要學，很多「無用之學」例如哲學、藝術可以幫助我們成為更好的人，但是

我們也要盡力避免這樣一種尷尬的情況:自己所有的知識都沒有實用價值,這樣我們就無法在社會上生存了。

要防止這種情況出現,我們必須對象牙塔外的世界保持敏感,能觀察和發現在市場上有較大應用價值和發展潛力的知識。在《程序員修練之道:從小工到專家》(*The Pragmatic Programmer: From Journeyman to Master*)一書中,作者把一個人所擁有的知識和金融資產相類比,認為每個人都應該管理好自己的「知識資產」(Knowledge portfolios),並給出了幾條具體的建議,其中有一條就是:在新思想或新技術剛剛開始興起、無人問津之時就投入進去,成為某一個新知識領域的先驅,實現知識能力的「低買高賣」。

5. 以完成具有創造力的作品為目標

主流的教育評價指標是考試分數,特別是以掌握知識程度多寡為主的考查。這種考查雖然有其必要性,但是它視學生為被動的知識接受者,某種程度上限制了學生才能的發揮。在大學階段,學生更應該以完成具有創造力的作品為目標,比如撰寫研究論文、進行發明創造、設計和創制產品等。以創造為目標不僅可以促使人對知識的深層掌握,而且能最大限度地施展自己的潛能,當你求職或申請去國外深造時,

如果能拿出一本「作品集」（Portfolio），也能明顯提升自己
的競爭力。

02

從「遊樂場」到「荒野求生」

——怎樣從大學走向社會？

真實的世界沒有說明書

　　「孩子們，歡迎從『遊樂場』模式進入『荒野求生』模式！」如果在大學生眼裡，即將邁入的「社會」有一扇有形大門的話，我會興沖沖地在門上掛起這樣的布條。

　　遊樂場模式的本質在於它由一系列既定的遊樂專案所構成，每個項目都設定好了起點、終點、路線和時長。完成這些專案會遇到一些挑戰，但這些挑戰本身也是被設計好的，它們的難度相對固定，不會突然升級或者降級，不會有意外出現。而在荒野求生模式中，你無所依憑。你會遭遇到一個個未曾料想的、未曾遇見的麻煩，或饑腸轆轆，或猛獸環伺，你必須使盡渾身解數去獨自解決撲面而來的問題，然後是下一個問題，再下一個問題……沒有說明書，沒有攻略，沒有錦囊。

　　兩種模式培養出的，是不同的思維品質。

　　遊樂場裡的挑戰是模擬的，老師已經為你準備好了答案；而荒野中的挑戰是真實的，可能誰都不知道怎麼辦；遊樂場裡有座標、有地圖、有說明書，荒野裡只有或隱或現的腳印；遊樂場裡九勝一敗，荒野裡九敗一勝；在遊樂場裡你可以站在巨人的肩膀上，在荒野裡高手更可能是你的對手。

　　所以在學校裡，你思考問題時總會從理論出發→某某人在某某時間提出了某某理論：「哇，今天又學到一個新知識！」又到理論為止→經過一番思考和探究，你又驗證了一遍該理論，或者對理論有新的擴展或深化：「哇，又寫了一篇好 paper！」

　　但是，你有沒有想過，這個理論的起源，是為了解決某個現實的問題或者受某個真實的現象而引發。而你在接觸該理論時，那個現實問題早已不存在或者不重要了；或者，它依然重要，而你卻毫不關心。所以，你可能會不自覺地沿著前人鋪就的道路走下去，卻不知道，這條道路到底是要通向何方。

　　而在實踐中，你會自行產生問題，這些問題可能會困擾你、折磨你，讓你焦灼不安。於是你非常迫切地試圖解答它，在這個求解問題的過程中，舊的知識被激發、調用、重組，而新的知識也一點點萌芽。而在遊樂場模式中，你遇到的問

題是由老師提出來的，而不是源於你自己內心的渴求，你缺少足夠的動力去自行解答它，你只是在搬抄某一個答案。當然，你需要瞭解這些答案——這些人類文明歷程中的精華。但是，你更應磨礪出「從對現實的悉心觀察中挖掘問題，又對問題進行獨立和系統的分析甚至構建出新的理論，以最終解決這些問題」的能力；你更應知道，當你失去了所有的拐杖和火把、當你面對一個前所未有的嶄新問題、當你查了無論多少文獻都找不到答案時，在一片漆黑中，你如何活下去。這就是荒野求生模式。它從觀察和分析現實問題開始，經過一番（也許是理論層面上的）分析和探索，又回歸到現實。

如何求解現實問題？

一旦進入荒野求生，你必須瞭解，這個世界還有一種完全不同的思維方法，只有這種方法可以幫助你很好地活下去，其要旨包括：

1. 正確地認識問題，而不是簡單地使用別人的問題表述。可以基於對現實處境的深入和縝密的觀察，對問題重新進行定義，以接近該問題的本質。

2. 對問題進行完全獨立的思考，不借助書本和搜尋引

擎，因為你面前的問題是獨一無二的、全新的。你可以大膽提出若干個假設性的求解方向，然後去嘗試，此時失敗是正常的，但你會從中得到意外的收穫。

我讀博期間曾去一家著名的網路公司實習，從事用戶研究的工作。剛入崗位時，我延續在校時的慣性，一接到任務，不是先用自己的頭腦做一番思考，而是打開 Google Scholar 一陣瘋狂搜尋。花了很久時間我才慢慢醒悟，企業裡給出的問題都是具體而特殊的，斷無前路可循，必須養成主動思考、先行分析的習慣，透過思考提出若干假設後，再去找文獻或其他方法探索論證。

3. 繼續獨立地思考，但是你可以在希望比較大的求解方向下，有針對性地尋找相關聯的知識，此時你需要快速篩選和學習新知識，甚至需要不帶偏見地、盡可能多地尋找各種可能有益的知識，也包括與他人交流意見。

這一點其實也不容易，人的認知模式總是先入為主，先期進入的資訊會在頭腦中形成一個初步的框架，當後面的資訊涉入時，原先的框架會影響我們對新資訊的解讀，甚至有意無意地採納與之前資訊一致的部分，而將相衝突的部分忽略掉。

4. 在結合知識以分析問題的過程中，你可能會試著提出

一些假設性的理論或者模型。記住，不是只有專家、教授、名人、權威才有資格提出理論，你也有能力來構建理論。構建理論的過程可以幫助你對問題的分析達到一個新深度，同時也能將問題簡化到最本質的層面，並且可能在將來複用於近似的問題。

5. 你提出的理論必定需要修正，這時你可以用你的理論去嘗試解決問題，也可以試用於各種擴展情境，如果發現其bug 就立即修正。疊代之後，你的理論就變得越來越有力度，解決問題的大門就此漸漸打開。

6. 由於理論畢竟是對現實的抽象，所以你還需要去關注各種細節性的問題，去全盤考慮現實情況，去窮盡和評估各種因素，這樣才能得到一個比較完備的解決方案，來澈底解決這個複雜的現實問題。

7. 通常解決一個難題的方案是非常巧妙的。如果你覺得這個方案不夠巧妙，不妨試著重複以上步驟，直至找到那個巧妙的方案。

在荒野求生模式下，你還必須瞭解，與思考和發展「理論」相比，解決現實問題有如下不同之處：

1. 理論問題通常事先構想出一個理想的環境，把很多不確定的因素加以屏蔽，因此變得比較「單純」；而對於現實

問題，你必須同時考慮各方面複雜的因素，罕有簡化的方案。

　　例如很多心理學理論，誕生於實驗室的「理想環境」，因此在應用到現實時效果往往捉襟見肘。相反，美國商學院的研究、教學方式和傳統學院派路數頗為不同，並且取得了巨大的成功，究其原因，正是在於其著眼於分析複雜現實問題的教學研究方式。

　　2. 理論問題最初源於現實，但會漸漸走向自我生長的軌道，有可能離現實越來越遠，最後變成學術圈裡一小部分人的自彈自唱，與外界隔絕；而解決現實問題時，必須時刻思考人們此時此刻的真實需求是什麼，為真正的價值而戰。例如，大多數心理學理論已經演變為自彈自唱，不過心理學界中最有創造力的心理學家還是會從對現實的洞察中挖掘出不為人注意的新現象，並為此構建理論，我相信，其他很多學科也有類似的情況。

　　3. 很多學科的理論探索，通常會尋找和分析那些一般、普遍的現象，這一方面是理論自身發展的需要，另一方面也受限於科學研究對於「重複」、「可驗證」的嚴謹性約束。但是在處理現實問題的過程中，分析極端現象的價值常常會遠大於一般現象。比如塔雷伯在《黑天鵝效應》一書中就反覆強調分析極端現象的重要性，而憑藉需求層次理論而聞名

世界的心理學家馬斯洛，這個研究路數頗為另類的學者，他的另一項重要工作，是研究人類歷史上最偉大人物的共同點，從而得出非常有啟發性的結論，告訴我們「自我實現者」的一系列特質。在另一領域，創新設計的頂級公司 IDEO 十分熱衷於研究「極端用戶」，用以激發全新的創意，來解決異常棘手的難題。

4. 現實問題的另一個特徵是，它常常瞬息萬變、變幻莫測。尤其在風雲變幻的商界競爭中，變化的節奏以天、以小時、以分鐘計，快得令人窒息。而在象牙塔中，一篇學術期刊論文的發表週期一般為兩年，有些學科如數學甚至會長達五年以上；而一本更新及時的教科書，裡面最新的內容，也至少是五年以前的研究，絕大多數會是十年、二十年前的結論。因此，以前作為思想和知識前沿陣地的大學，在網際網路和社交媒體時代的今天，似乎已經變得過於緩慢和笨重。

簡而言之，求解現實問題就是求解複雜性，求解各種未知和不確定，以及求解永恆不停的變化，而這些都很難在校園中得到鍛鍊。有趣的是，對同一現實問題的求解，學術派和實踐派常有同臺競技的機會，一個典型的例子就是用戶體驗（User experience）領域，這是一個近二十年才逐漸興起的領域。

　　在這個領域影響力最大的幾位標誌性人物都沒有採取學術研究的路數，而是從實踐中摸索而來。例如，寫下《設計的心理學：人性化的產品設計如何改變世界》、《情感＠設計：為什麼有些設計讓你一眼就愛上》等影響深遠作品的唐‧諾曼（Donald Arthur Norman）雖然原本是一位認知心理學家，但他後來投身工業界，在蘋果等公司任職，後又成立體驗諮詢公司，他的作品全都得益於他對日常生活和設計實踐的觀察和感悟，全然不用學術寫作的路數。

　　另一位用戶體驗界的權威尼爾森（Jakob Nielsen）可能是世界上做過可用性測試最多的人了，他基於自己大量的可用性測試的實踐，總結出可用性工程方法和十條啟發式原則，它們成了該領域應用最廣泛的實用工具。

　　還有一位，《交互設計精髓》的作者阿蘭‧庫珀（Alan Cooper）則是一位資深的程式設計師、「Visual Basic 之父」，他全憑自己 UI 程式設計的長期實踐，而不是在論文堆中找靈感，寫下了這本交互設計的奠基之作。相反，關於「用戶體驗」課題，學術界（主要是人機交互界）每年都會發表不少論文，比如為使用者體驗建立理論模型，界定它的概念內涵以及探討其與不同設計因素的關係，但是這些論文並沒有對業界產生什麼實質性的推動。

理論與現實之間的多種路徑

那麼，在離開校園、進入社會後，我們可以怎麼做，來更好地迎接荒野中的挑戰呢？方法不止一個。

在大學裡，我們的資訊輸入是理論，資訊輸出也是理論；而到了現實中，我們可以有更多的選擇，把「現實世界」作為一個重要的求知的變數納入進來，不只在理想化的情境下去思考問題，而且需要磨練把理論融匯於現實、考量現實複雜情形的本事。

人類歷史上很多超凡的智者已經找到了許多將「現實世界」與「理論世界」結合起來的方法，在其中我發現了下面從「理論輸入」到「現實輸出」五種代表性模式。

投資家查理・芒格的模式，是廣泛吸收多個學科（包括數學、物理學、化學、生物學、心理學、社會學、經濟學、工程學等）的知識，把這些學科最基本的模型作為他分析和判斷現實問題的思維工具，進行全面且澈底的全角度分析，思考多個複雜因素所形成的共振，最後得到一個完整、全面和深刻的分析結果。在這種模式下，很多理論性的知識被理所當然地、頻繁地跨學科使用，並在現實問題的解析中發揮奇效，與沒有多學科知識背景的投資者相比，芒格能更為深

入地洞察這些投資問題的內在結構和本質特徵，從而提出超越市場的投資判斷。

　　經濟學家張五常的模式，是從「現實輸入」到「理論輸出」親自去觀察、親身去實踐市場中真實的經濟行為，從對真實世界的洞察中獲得經濟學的理論洞見。與那些書齋式學者相比，他能發現和分析更複雜多變的經濟現象，並把這些現象帶入經濟學研究的理論視域中。比如他曾經兩次在除夕夜到街頭賣橘子，體會不同時點、天氣和其他因素的變化下，交易雙方討價還價的情勢變化；他還在自己的海邊別墅旁養殖生蠔、鮭魚等水產，然後分析流動和非流動的自然生物產權問題。這種從現實世界中獲取理論智慧的方式，正好和查理・芒格從理論世界獲取現實智慧的方式相映成趣，為我們展示了兩種互補的嫁接理論和現實橋樑的方法。

　　而塔雷伯的模式，是從理論和現實中交替學習。塔雷伯是穿梭在學術和商業之間的思想家，他畢業於賓州大學華頓商學院，是資深的金融交易員，也是紐約大學科朗數學研究所的研究員，而他從小至今的夢想是成為一名哲學家，他精通多國語言，廣泛涉獵哲學、邏輯學、歷史學、心理學等方面的著作。

　　他的黑天鵝思想既是他對現實世界，特別是人類歷史上

的極端事件加以深刻洞察的結果，又是多學科思想的融合。在《黑天鵝》一書中，可以看到他吸納了龐加萊的科學哲學思想、卡爾‧波普爾（Karl Popper）的批判理性主義思想、丹尼爾‧康納曼（Daniel Kahneman）的行為經濟學思想以及本華‧曼德博（Mandelbrot）的分形幾何學思想，還有帕斯卡（Pascal）、休謨（Hume）、洛克（Locke）、海耶克（Hayek）、蒙田（Montaigne）、丹尼特（Dennett）、奎因（Queen）等人的思想智慧。

塔雷伯的人生歷程生動地展現了一種可行性：從現實和歷史中提問，在思想的海洋中尋覓，在實踐中驗證，又在寫作中昇華。

理察‧費曼（Richard Feynman）不僅是一位蜚聲全球的物理學大師，也是一位教育家，因為他總是能把非常抽象的物理學概念用形象生動的語言或者精巧的實驗展現出來，並且讓學生從深層次上領會這些概念，所以他既能做重大的理論創新，又能在現實中遊刃有餘。

在他的眼中，物理學絕不是枯燥乏味的理論陳述，而是活生生的生活世界的一部分。他所著的《費曼物理學講義》是歷史上最成功的物理學教科書，歷經數十年暢銷不衰。他還特別善於用圖形和圖表來展現抽象的過程，他發明的「費

曼圖」，提供了對量子過程進行視覺化表達的方法，至今已成為全世界粒子物理學家的工作語言。

費曼給我的最大啟示，就是抽象的理論和生動的現實之間是可以沒有邊界的，如果有人覺得存在邊界的話，恰是因為他的知識和思考尚不足以洞見兩者深處的關聯；相反，如果一個人可以用經驗來表達理論，用具象來表達抽象，正好說明，他很可能是一位非同尋常的思想家。

侯孝賢導演有一個特殊的本事，就是「讀人」。凡是他交往過的人，他都會悉心觀察，像讀一本書一樣去讀他們，特別是那些看起來有些奇奇怪怪的人，更是會引發他強烈的「閱讀」興趣。想必，這位大導演一定是把他遇見的所有人當成了一個巨大的素材庫，透過分析、解碼、變異，再融合到他的電影中，去把電影中的人物異常真實地塑造出來。

與從書本中獲取靈感相比，侯孝賢更善於從現實經驗中獲得智慧，獲得第一手資訊和靈感，這種解碼現實的功夫很值得學習，所以他的模式是從現實中學習又回饋到現實中。

歸納以上五位人物的方法，可以總結出一條具有操作性的建議：在現實世界中思考理論問題，在理論世界中思考現實問題。

在現實世界中思考理論問題，可以讓我們比其他的實踐

者思考得更加深刻和系統，然後又反過來助益我們對現實問題的分析和解決；在理論世界中思考現實問題，可以讓我們更好地理解理論的適應範圍和界限，然後又反過來優化和完善我們的理論。更重要的是，這種思考的過程，逼促我們去建立理論和現實之間的結合。

　　如果你試著去踐行這個方法，應該就會慢慢地發現：這些行動可以幫助你一步步地構築起自己獨特的知識和經驗體系，當你把紛繁複雜的現實和眼花繚亂的理論進行思考、交叉和整合以後，它們就成了你心智的一部分，而且不可能有人正好和你的這部分心智相似，甚至連模仿也斷無可能。這種逐漸打磨出來的獨一無二的智識，就可能幫助你成為一個很厲害的人，幫助你在複雜多變的荒野競技場中站穩腳跟。

　　知乎上曾有人問「怎樣成為一個很厲害的人？」就我的理解，在這個問題上，是沒有速效藥可以吃的，但上面的方法為我們指出了一些很多人未能充分發現和認識的道路。這也是我自己正在踐行的道路，希望它們可以最終引領我和你走到「很厲害的人」才可駐足的巔峰。

03

獨特性就是最好的競爭力

——請堅持你的與眾不同！

前不久一個我世代創業者的演講鬧得沸沸揚揚，在演講中她宣稱現在的大學生大多陷入了一種過時的學習和工作模式中，而只有透過創業，特別是透過與「更強的人」交換資源的方式，才能在年紀輕輕就獲得財務自由。

老實說，演講中對年輕人現狀的分析有可取之處，但是演講者宣揚的單一價值觀（年輕人應儘早實現財務自由）和單一的實現路徑（與精英人群資源互換、迎合大眾需求、追隨商業熱門話題為主要手段的創業）卻讓人難以認同。

在網際網路時代，我們的思想和行動太容易被一波波熱潮推著前進了，當所有人都在熱議一個話題時，你很難有不參與其中的勇氣；當所有人都在激動地說「網路＋」創業時，你很難不蠢蠢欲動。在這樣熱潮的推動下，我們漸漸形成了用單一的標準去提出問題、用單一的模式去分析問題、用單一的路徑去解決問題的行為習慣，甚至於我們連思考的權利

都放棄，只跟隨著「成功人士」的振臂一呼，就不假思索地
採取行動了。

在急速前進的社會步伐中，我們左顧右盼，怕落於人後；
我們又爭先恐後，怕機會稍縱即逝。可是這種一窩蜂、同質
化的行動，真的會帶給我們想要的東西嗎？像這位作為「創
業標杆」的演講者所提出的成功路徑真的適合大多數人嗎？

只有獨一無二，才能不可取代

四十八歲的蘇格蘭人蘇珊·波伊爾（Susan Boyle）2009
年因參加了選秀節目「英國星光大道」而一舉爆紅，這位蘇
珊大媽演唱〈我曾有夢〉（I Dreamed a Dream）的影片在全
世界的網路上競相傳播，幾個月後她的專輯拿到了當年全球
銷量冠軍。

幾乎每個人都喜歡蘇珊大媽，因為你再也找不到這樣一
位胖胖、萌萌、堅持夢想又有一副好嗓子的大媽了。在蘇珊
大媽之後，再沒有出現第二個同類型歌手，沒有出現諸如「瑪
麗大媽」、「珍妮大媽」或者「托尼大叔」、「麥克大叔」
這樣的人，蘇珊大媽的成功是獨一無二、不可複製的。她之
所以能被很多人喜愛，是因為她太獨特、太反常規了，而任

何對蘇珊大媽的模仿必然都無法再次創造出這種獨特性。

　　本來每一個人都是獨特的，你有自己的志向、經歷、喜好、品味、才能和運氣，你完全可以把寫出一本精彩絕倫的小說作為畢生的目標，而不是那個折磨人的早日實現「財務自由」的目標；你也可以選擇一份輕鬆愉悅的工作，而不是成為一個每天承受巨大壓力、被時間追著跑的創業者。在生活方式上，你可以選擇結婚；你也可以選擇獨身主義，一輩子不結婚；或者當頂客族，結婚但不生孩子，也許我們做出這些選擇會承受巨大的社會壓力，但是我們有根據自己的內心需要獨立選擇自己人生、不受外部影響的權利。

　　2015 年奧斯卡最佳改編劇本獎得主、電影《模仿遊戲》的編劇格雷厄姆·摩爾（Graham Moore）在上臺發表獲獎感言時說了一段激動人心的話：

　　當我十六歲時，我曾試圖自殺，因為我覺得我很怪，很另類，與其他人格格不入。而現在我站在這裡，此刻我想告訴有同樣感覺的孩子，「我很古怪」、「我很怪異」、「我很不合群」，是的，這就是你，你就是這樣的人，請保持你的古怪、你的與眾不同，而且我希望當你成為下一個站在這裡的人時，把這句話傳遞下去。

　　這些例子都說明了「獨特」的重要性。在這大千世界、芸芸眾生之中，獨特會讓你更容易被發現、被牢記，更不可替代。更重要的是，獨特意味著你的形象、個性、知識、經驗、經歷中的任何一項或者幾項能力是別人無法複製、無法模仿的，意味著你為這個多元的世界又增加了一種新的可能性和價值。

　　矽谷著名的風險投資家彼得・泰爾在面試應徵者時都會問一個問題：「在什麼重要問題上你與其他人有不同看法？」泰爾認為這個問題實際上很難，因為每個人都在學校裡接受過長期的教育，被灌輸了許多被普遍認可的知識和想法，要形成與其他人不一樣的想法是非常難得的，既需要智慧也需要勇氣，而泰爾就是要尋找這樣獨特的人。

　　他認為，創新分兩種，一種是從 0 到 1 的創新，也就是創造出之前完全沒有過的新東西，比如 iPhone 的發明就是這樣；另一種是從 1 到 N 的創新，這種創新只是水準上的進步，比如 iPhone 誕生後，其他科技公司生產了效仿它的其他類型智慧型手機，雖然使智慧型手機更加多元化，其中有些性能也更加強大，但也只不過是把 1 複製到 100 罷了。

　　顯然前一種創新是根本性的，對於推動人類的進步有更大的作用，而泰爾一直在致力於投資這樣的能做出從 0 到 1

創新的創業公司，而能做出這種獨特創造的創業者一定是那些能獨處於主流思潮之外的獨特的思考者和行動者。

在戰略管理領域裡，很多學者認為最好的競爭策略並不是教你如何跟其他人競爭，而是開拓出一條獨一無二、罕有競爭者的道路。戰略管理大師麥可・波特說：「戰略的意義就在於讓你遠離競爭，戰略不是要你做得更好，而是要你做得不同。」對個人而言同樣如此，一個顯而易見的事實是：如果你與大多數人相比，沒有什麼特殊之處，那麼為什麼社會要給你超出平均水準的回報？所以，讓自己變得獨特是通向成功的必要條件。

下面是我總結出具有心智獨特性的人所具有的優勢：

1. 在主流觀點之外洞察出別人未曾發現的機會。

2. 形成個人核心競爭力，避免低層次的同質化競爭，使自己不可替代。

3. 拒絕他人和大眾替自己貼上的標籤，以更開放和自由的心態發展自己。

4. 因為不必迎合社會主流而節約了大量時間精力，可以專注於做好自己的事情。

5. 為大眾帶來新鮮的見解和啟發，形成公眾影響力。

6. 具有更高的可辨識性，更易於形成個人品牌。

7. 吸引到其他獨特而優秀的人，與他們成為朋友或者合作夥伴。

不要為了追求社會認同而做事

如果你為了被社會認同，拚命去迎合主流標準，說大家喜歡聽的話，做大家喜歡的事，最後的結果是，你不是被認同，而是被忽視。建築家保羅·謝菲爾德（Paul Shepheard）說：「主流是一種非常強大的潮流，人在其中無法思考。」蘇珊·桑塔格說，人類社會中兩個最主要的偏見，是用性別和年齡來為人貼上標籤，粗暴地認為男人就應該如何如何，女人就應該如何如何，年輕人就應該如何如何，老年人就應該如何如何。

直到今天，期望個體服從針對性別和年齡的固化偏見依然是社會主流，比如人們經常會說，「一個女孩子要學這麼多東西幹嘛」，會說「女人嘛，做得好不如嫁得好」，會說「人老了嘛，遛遛狗、澆澆花就夠了，瞎忙什麼啊」。而正是這一張張標籤，把人的想法限制住、行動束縛住，讓人沒有勇氣去想、去做與眾不同的事。

知乎上曾有人問：「我在高中見到了很多優秀青年，他

們知識面豐富、心憂天下、自我覺醒，但感覺他們在慢慢平庸，言必談體制，言必談世家，除此之外就是吃喝玩樂。在大學，曾經的高中精英慢慢腐化，蹺課又不看書、偏激又沒有立場；出身富貴的沒有意志、自控力和夢想；寒門的頂尖卻不去學習應試之外的東西，知識面很窄，只有理想卻沒有夢想。這是在優秀中不斷走向平庸嗎？原因有哪些？」

我想這個問題用蘇珊·桑塔格的一句話就可以回答：「我是個異端，而且每個人都可能成為異端，但大多數人不得不選擇中庸之道。」從優秀到平庸的過程中，其實有一樣東西沒有變，就是他們所做的所有事情，似乎都在不可避免地尋求著他人對自己的認同。

高中時代，在大考的重壓下，學生們普遍在情緒上有一種叛逆、逃脫或者釋放的傾向。其中一部分學生寄望於課本外的世界，相較於其他人，他們有更豐富的知識、更宏大的關切主題，而這些很容易幫助他們樹立起優秀甚至「才子」的形象，而成為眾人矚目的焦點，這些會給他們造成極大的心理滿足，並可一定程度上緩解大考帶來的焦慮。

大學時代的遊戲規則全然換了一套，「心憂天下」不再是一種可以獲得社會認同感的行為，而大學中評價標準的多元化突然讓他們變得無所適從，於是他們不知道到底應該怎

樣表現才能保持之前的光輝形象，所以就乾脆自我放縱、自暴自棄起來，他們沒有樹立起一個堅強且由自我認同、自我接納所構築的堅強內心。當缺少可以讓內心安穩下來的獨立標準時，每個人只能隨波逐流，而只有逃脫獻媚於他人的牢籠，才能真正獲得自由。

儘量去做酷的事

我曾在微博上做了一個小調查，問大家一個問題：

「如果可以選，你願意做一件非常酷的事情，還是做一件可以變得非常富有的事情？」

結果，在二十九位作答的網友中，有十八人選擇了富有，八個人回答了兩者都要或者對問題的具體分析，只有三個人明確優先選擇做酷的事，只占了 10%，這個比例遠遠低於我的預期。看看選擇富有的人是怎麼說的吧：

A：「炫酷和富有都很重要，炫酷不一定能帶來富有，但是富有有助於炫酷，所以先富起來。」

B：「先選富有，有錢了我再選酷。」

C：「以前想幹一件非常酷的事，後來想先富了再說吧。」

D：「非常富有，就可以做非常酷的事！！我選富有。」

　　E：「最後一個選擇毫無懸念……」

　　F：「富有就是最酷的事情了。」

　　G：「有錢了可以做很多很酷的事情。」

　　H：「那當然是富有啊！」

　　也就是說，當有兩條道路擺在一個人的面前，一條帶來財富，另一條僅僅是「酷」時，大多數人會選擇財富。在他們眼裡，所謂的「酷」不過是有錢的副產品，有了錢，就能買到酷，或者富有和酷是等價的，其實他們完全不清楚「酷」的意義所在。

　　「財富」和「酷」是兩個獨立的價值系統，有錢的人可能酷也可能不酷，酷的人可能富有也可能貧窮，但絕不存在「有了錢就可以變酷」這樣的事情。正如一個人不會因為有了錢就自然具備了對藝術作品的審美能力，一個人也不會因為有了錢就自然具備了酷的能力。

　　「酷」首先是一個美學標準，它具有神祕的預言性。比如科學家常常會認為「$E=mc^2$」這樣的公式具有某種美感，以至於認為一個公式是否具有美感可以作為某種啟示來引導科學發現的方向。而「酷」在人生選擇中所起的作用也一樣，一件在當下難以準確評估的人生事件，我們並不知道它的未來會給我們帶來什麼，但是如果它看起來是酷的，那麼它很

有可能就蘊含著某種你還未能預料的意義。

　　同時，完成一件「酷」的事往往意味著去發現或者重新發現事物的價值。這些酷事，並非專指那些可以向他人「炫酷」的事，也可以是任何一件平常的事，只要你留意它不為人關注的一面，就能挖掘出超出平常的意義，就能把它們變成一件酷事。

　　日本哲學家高橋哲哉說：「哲學式的思考就是懷疑理所當然的事物」，類似的，選擇做酷的事就是懷疑理所當然的生活。讀一本時下流行的小說，並不是一件酷事，但如果你能把這部小說的寓意做出一番別具一格的解讀並寫成文章，就成了一件酷事；做一頓飯，並不是一件酷事，但是如果你能創造性地把中西餐的做法融匯在一起，發明幾道新式菜肴，就成了一件酷事；給學生上課，並不是一件酷事，但是如果你不僅能把知識生動活潑地展現出來，還能引導學生主動探索，激發起他們對這門學科的興趣，就成了一件酷事；當一個卡車司機並不是一件酷事，但是有一位名叫孔龍震的卡車司機卻酷得不行，他以一種狂熱的態度來作畫，把自己獨特的職業感悟和對美的理解融進了他的作品，形成了自己的風格，其作品也具有一種獨特的藝術魅力……

　　「酷」的反面不是「不酷」，不酷只是生活的常態。

「酷」的反面是「無味」，「無味」就是重複無價值或價值被掏空的事物，如現在在晚會上表演〈小蘋果〉就是典型的「無味」。

最後，當我們避開了追求社會認同的陷阱，也意識到去做酷事的價值以後，我們可能便走上了因獨特而成功的道路。在這條道路上，下面七個方法能夠助我們一臂之力：

1. 抗拒自己的欲望，或者延遲滿足欲望的時間。

2. 質疑貌似最可信的言論，不盲從任何人。

3. 隱藏流行資訊，或者只在固定的時段接收流行資訊。

4. 思考最不可能的事，為其發展出可能性。

5. 保留和發展自己的「怪癖」，並將其發展成自己的競爭力。

6. 為小事物狂熱，並在小事物中發現大世界。

7. 開展思想試驗和行動試驗，讓思想和行動相互激發。

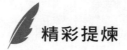

精彩提煉

- 做一個主動探索者，敢於突破種種局限，不斷試錯，形成自己的優勢甚至是獨特的知識資產。

- 不只在理想化的情境下去思考問題，而且要磨練把理論融匯於現實、考量現實複雜情形的本事。

- 在理論與現實的充分結合中，一步步地構築自己獨特的知識和經驗體系，逐漸打磨出屬於你個人獨一無二的智識。

- 根據自己的內心需要做出獨立的選擇，甚至去做一些酷的事情，不要依附於外界的認同。

- 如果你找到了一條別人都還沒走過的路，只要把這條路走完，你就贏了。

實踐練習

1. 請你選擇一門可能枯燥但有用的課程學習,並做好詳盡的學習規劃。

2. 這門課程能夠讓你增長什麼樣的知識和技能?這些知識和技能在社會上有多大的價值?

3. 對於這門課程,你可以從網路上尋找到哪些優質資源來幫助你的學習?

4. 在學習中,有哪些理論可以運用到現實生活中?

5. 經過現實的檢驗,對於原本的理論你是否有了新的思考?

6. 在這門課程中，對比他人的觀點，你有哪些獨特的看法？

7. 經過一段時間的學習，你是否有什麼比較酷的想法去嘗試？

8. 請你在學習過程中完成一個具有創造力的作品。

高寶書版集團
gobooks.com.tw

RI 349
精進思維：讓每一次思考都能躍出框架的人生增量心法

作　　者　采　銅
責任編輯　高如玫
封面設計　林政嘉
內頁排版　賴姵均
企　　劃　方慧娟

發 行 人　朱凱蕾
出　　版　英屬維京群島商高寶國際有限公司台灣分公司
　　　　　Global Group Holdings, Ltd.
地　　址　台北市內湖區洲子街 88 號 3 樓
網　　址　gobooks.com.tw
電　　話　（02）27992788
電　　郵　readers@gobooks.com.tw（讀者服務部）
傳　　真　出版部（02）27990909　行銷部（02）27993088
郵政劃撥　19394552
戶　　名　英屬維京群島商高寶國際有限公司台灣分公司
發　　行　英屬維京群島商高寶國際有限公司台灣分公司
初版日期　2021 年 11 月

原簡體中文版書名：《精進：如何成為一個很厲害的人》
本作品中文繁體字版由北京鳳凰聯動圖書發行有限公司與江蘇鳳凰文藝出版有限公司授權英屬維京群島商高寶國際有限公司台灣分公司獨家發行。

國家圖書館出版品預行編目（CIP）資料

精進思維：讓每一次思考都能躍出框架的人生增量心法
/ 采銅著 . -- 初版 . -- 臺北市：高寶國際出版：高寶國
際發行，2021.11
　　　面；　　公分 .--（致富館；RI 349）

ISBN 978-986-506-235-4（平裝）

1. 自我實現　2. 成功法

177.2　　　　　　　　　　　　　　110014579